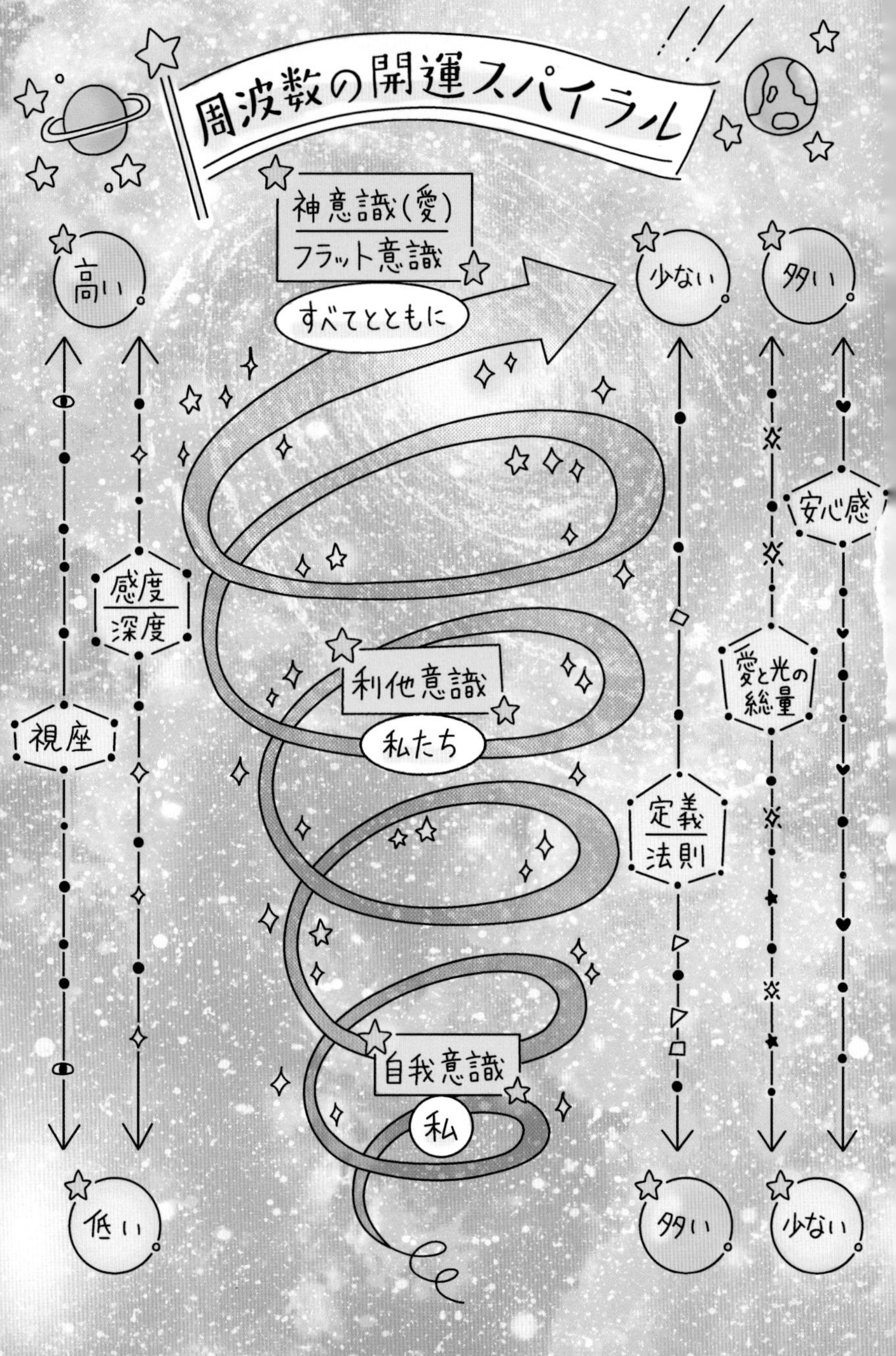

周波数の開運スパイラル
神意識(愛)
フラット意識
すべてとともに
利他意識
私たち
自我意識
私
高い
低い
視座
感度
深度
少ない
多い
定義
法則
多い
少ない
安心感
愛と光の総量

潜在意識の専門家
藤堂ヒロミ

周波数を上げて
開運スパイラルに乗る方法

運を超えていく

廣済堂出版

はじめに

「運を上げたいな〜。パワースポットにでも行こう！」

ふと立ち寄ったカフェで聞こえてきたその声は、人ではなく「脳」の声。

誰？

辺りを見回してみると、スマートフォンで何かを検索している女性の脳が、せわしなく光っています。

どうやら、先ほどの声の主は、この女性の脳のようです。

「最近ツイてないから、神社に行こう！」

今度は、別の人の脳からも声が聞こえてきました。折り目がたくさんついた神社の案内本を片手に、黙々とご飯を口に運んでいるその人の脳も、チカチカ光っています。

私は、考え過ぎている人や脳のおしゃべりが得意な人を見ると、脳が光って見えるのです。

そんな光景を眺めながら、ちょうど昨日もクライアントさんから、どうしたら運がよくなるか、と聞かれたことを思い出しました。

これほどまでに人を惹きつける「運」って、何だろう？

そう思ったことから、私は本書のテーマとなる「運」の探求をはじめたのです。

こんにちは、潜在意識の専門家として活動している、藤堂ヒロミです。

いきなり脳が光って見えるなんて、ビックリされましたよね。

最初に自己紹介をさせていただきますね。私は15年以上にわたり、臓器が持っている潜在意識と対話をし、クライアントさんの潜在意識をアップデートすることで、より幸せな人生を創造するお手伝いをしています。

冒頭でご紹介した女性のように、脳がせわしなく光っている間というのは、実は他の臓器たちはちょっと寂しそう。

頭でばかり考えていると、身体のバランスが整っていない、と私には見えています。

いえ、わかるのです。

この「わかる」という感覚は臓器のことだけではありません。

私は銀河・宇宙の記憶があり、幼少期から「見えないもの」に関して「わかる・知っている（Knowing）」という強い感覚を持っていました。

幼稚園生のときは、窓の外の見えない何かと話していたことがきっかけで、先生から心の病気を疑われて転園することになったり、小学生のときは、みんなが植物や動物と話ができないことを知ってカルチャーショックを受けたり、感受性が豊か過ぎるゆえに、生きにくい子ども時代を送っていました。

社会人になってからは、会社員を経て、弁護士を目指すために大学に編入し、大学院まで進学しました。

ところが、母が突然、他界してしまったのです。

あれほど元気だった母の死に私はなかなか納得ができず、そこでさまざまな勉強をしてたどりついたのが、潜在意識と臓器（身体）の関係でした。

私は法科大学院を修了後も弁護士の道へは進まず、さらに潜在意識を学ぶために渡米し、臓器をリーディングする能力やヒーリング能力を学んだのです。

現在は、臓器との対話から潜在意識をアップデートして宇宙につながる方法や、身体（感覚）を開く方法について、講演会やセミナーなどでお伝えしています。

さて、冒頭でクライアントさんをはじめ、多くの人が運に惹かれることをご紹介しましたが、潜在意識と運には、いったいどんな関係があるのでしょうか。

潜在意識について探求してきた私が、運について興味を持って研究してみると、潜在意識をアップデートすることと運には、驚くほど密接なつながりがあることがわかりました。

それは周波数です。

運とは、私たちが持っている周波数と言えます。

つまり、運は外側からもらうもの、与えられるものではなく、私たちの内側にあり、そして変容していくものだということです。

運のレベルは、潜在意識のアップデートで高まる

口絵の図は、運の周波数をわかりやすく説明したものですが、運は無数のレベル（レイヤー）からなり、スパイラル状になっていることがわかりますね。

このレイヤーを、ここでは大きく3つの段階に分けました。

これらのどの周波数帯を生きているかによって、運のレベルは異なります。

たとえば、大好きなアーティストのコンサートチケットを手に入れたい！　と思っているとしましょう。

第1段階「自我意識」の周波数帯を生きている人は、神社に願掛けをして、お守りを買い、運がよくなると言われていることをたくさんした結果、チケットが当たったという現実が現れます。

第2段階「利他意識」の周波数帯を生きている人は、「コンサートに行きたい！」と思っていたら、チケットを譲ってもらったという幸運に恵まれます。

第3段階「神意識（愛）」の周波数帯を生きている人は、譲ってもらったチケットがなんと最前列！　しかも会場近くで偶然にも憧れのアーティストに出会えるという、夢のような現実が訪れます。

いかがでしょうか。自分がどの周波数帯を生きるかによって、これほどまでに現実が変わるなんて驚きですね。

この違いは、私たちが持つ周波数です。

それなら誰もが周波数を上げたい！　と思うでしょうが、周波数を上げるためのカギとなるのが、「深度」と「感度」です。

深度とは、意識の深さ。感度とは、感じる力。

つまり、より深く見通す意識と、身体で受け取る直感や感覚を研ぎ澄ますことで、周波数は上がるということ。

ご存じの方も多いと思いますが、みなさんが「意識」と呼んでいるものは、大きく分けて、「顕在意識」と「潜在意識」の2つがあります。

顕在意識とは、知識など頭では理解している表面的な意識のこと。潜在意識とは、自分が「確信」していることで「信念」とも言えます。これを「思い込み」と呼ぶ人もいます。

この潜在意識をアップデートしていくことで、深度と感度が高まり、同時に周波数（振動数）も高まり、運の周波数を上げていくことができるのです。

周波数って何？　と思う方もいるかもしれませんが、この宇宙に存在するすべてのものに周波数があります。そして、同じような周波数同士がつながり、手を取り合います。テレビのチャンネルが周波数で決まることと同じです。

それと同じように、私たちもどの周波数帯を生きているかで、訪れる現実が変わるのです。

高い周波数帯を生きている人は、高い視座を持つことができます。

物事や出来事の背景にまで意識を巡らす視座を持てるので、選択肢が増え、選択の精度も高まっていきます。そして可能性が無限に広がっていることを、スピード感を持って実感できるでしょう。これこそ究極の開運状態ですね。

開運スパイラルを駆け上がる旅へ出発しよう！

実は今、時代の変化と共に、開運方法もパラダイムシフトが起きています。

これまで、私たちは人生の答えを自分以外の外側に求めていました。たとえば、社会や誰かの基準・価値観に従って生きることがよいとされ、世間からの評価を得るためにさまざまな選択をし、競争して勝ち上がることが幸せだと思ってきました。

自分と他人、自分と社会というように、自分の外側に目を向けた結果、運すらも外側に求めていました。

しかし、時代が変わり、一人ひとりが自分の内側に意識を向けはじめています。自分にとっての正解を感じ取ることで安心感を得られるようになり、他人の価値観ではなく、本来の自分のままで生きる人が増えてきました。

このような時代を生きる私たちは、自分の内側とつながり、周波数を上げることで、

開運できるようになってきているのです。

壮大な話のように聞こえますか？

自分とは無関係な夢のような話に聞こえますか？

けれども、自分は第1段階の「自我意識」の状態だと思ったとしても、第3段階の「神意識（愛）」に至るまでのすべての周波数帯のレベルを持っています。あなたはすでに持っているのです。

地球が3次元だとすると、私たちは3次元だけに住んでいるような錯覚を起こしますが、個である身体の中に、日本、地球、銀河、宇宙、すべてを持つ多次元的存在でもあるからです。

本書では、次のような流れで、あなたを開運スパイラルの旅へとご案内していきます。

第1章では、運をひもとくカギとなる周波数について、詳しくお話しします。きっと、運のイメージが変わるでしょう。

第2章では、周波数を高めるために必要な深度と感度について解説します。物事を見通す力、感じる力をチェックしてから読み進めてくださいね。

第3章では、身体（臓器）と感情に意識を向けてみましょう。身体と感情は絶対的なあなたの味方。身体と感情に向き合うことは、自分自身と向き合うことだとわかるでしょう。

第4章では、深度と感度を高めるための実践的なワークをご紹介しています。このワークは運の周波数を上げるために欠かせませんが、はじめる前とあとでは、感覚が変わっていると思います。

第5章では、運の周波数の究極の状態、神意識（愛）について解説します。自分を超え、宇宙との共同創造がはじまります。

それは、願わずして願いが叶い、あなたといるだけでいいことがあった、と言われるような、あなたの存在自体がパワースポットになるということ。

そのとき、あなたは自分の開運だけではなく、「他人の開運」にもなれる存在になっています。そして、もはや運のことを気にしない運を超えた状態になっているでしょう。

おめでとうございます！　この本を読んだあなたは開運スパイラルを駆け上がり、運をも超えた存在となっていきます。

たった今、次元の旅のパスポートが発給されました。さぁ、そのパスポートを持って、あなたが大いなる「自分自神」と再会し、愛に還る旅をはじめましょう。

『運を超えていく』目次

第1章 運は周波数で決まる

第2章 あなたの中に眠る、深度と感度をアップデート

第3章 身体と感情を通して「愛の観察者」になる

第4章

運の周波数を上げる!《潜在意識をアップデートするワーク》

第5章 運を超えて「光のフラグ」となって生きる

第1章

運は周波数で決まる

世界は周波数でできている

開運スパイラルに乗るための最初のステップとして、まず、周波数について知ることからはじめましょう。

先ほど、世の中に存在するすべてのものに周波数がある、とお伝えしましたが、周波数とは振動（波）のことです。

たとえば、携帯電話のバイブレーションがブルルとなるように、目には見えなくても、すべてのものは振動しています。

家、机、コップ、お米、野菜、海、音楽、色、お金、動物、人間、顕在意識、潜在意識、時間、空間、法則、満月、星、銀河、宇宙……、例外なくあらゆるものが振動し、周波数を持っています。

つまり、私たちは周波数の中で生きている、とも言えますね。

周波数は、口絵の図のように低い周波数から高い周波数まで無数のレベルがありますが、あらゆるものがそのいずれかの周波数を内包しています。

もちろん、私たち人間も全部の周波数を持っている多次元の存在です。

「波動を上げなきゃ……」と頑張っているとしても、あなたもちゃんと高い周波数を内包していますから、安心してくださいね。

周波数は、同じ波と同じ波、もしくは、似た波と似た波同士が手を取り合い、共振共鳴を起こしていきます。そのため、自分の周波数が上がっていけば、周波数の高い人、もの、出来事などとつながっていきます。

これが、いわゆる「引き寄せの法則」です。

いいことが起これば運がいい、よくないことが起こると運が悪い、というように、結果を見て運がある・ないと決めてしまいがちですが、この世界はすべてが周波数でできていますから、周波数がわかれば運をひもとけるのです。

超運がいい人の周波数とは？

この世に存在するすべてのものは周波数を持っていますから、当然、運にも周波数があります。

同じ、もしくは似た周波数同士が共鳴し合うので、あなた自身が持っている周波数によって、現れてくる運も変わります。それが、冒頭でお伝えしたコンサートチケットを手に入れたときの話です。

また、よく聞く「運がいい」と言われる不思議な現象も、周波数で説明がつきます。

たとえば、仕事の都合でたまたまキャンセルした飛行機が事故に巻き込まれて、自分は九死に一生を得たとか、トラックが突っ込んできた瞬間、誰かに背中を押されたような感覚があって助かった、などの話を聞いたことはありませんか？

ご先祖様など多次元的な存在も周波数なので、潜在意識がアップデートされて周波数が上がっていくと、目に見えない力のサポートが入りやすくなるのですね。

周波数を上げていくことで、「懸賞に当たった」などの棚ぼた的な現象から、まるですべてが巡りつながっていることを実感できるような神秘的な運のいい現象へと変わっていくのです。

私たちの可能性は無限大！　そう考えると、目に見えている現象だけをクローズアップして運がある・ないと言っている時点で、狭いとらえ方だとわかりますね。

意識の使い方によって周波数は変わる

この本では、潜在意識をアップデートすることで、周波数を上げ、運のレベルを上げていきますが、ここで言うアップデートとは、神意識（愛）に近づくための微調整です。そのためには、意識をフラットにすることが欠かせません。

私は、潜在意識を「信念」や「思い込み」ととらえていますが、それは誰もが無意識に「〇〇すべき」「〇〇でなければならない」という偏った意識を持っているからです。

周波数が上がるとは、そうした思い込みが減り、起こることを自然に受け入れられる「フラット意識」の状態のこと。

つまり、そうであってもいいし、そうでなくてもいい、というようにフラットにとらえられる状態です。

「フラット意識」の状態になると、いろいろなものと会話できるようになります。

たとえば、私は植物とも動物とも会話をしますし、机ともしゃべります（笑）。

なぜ机と対話できるかと言うと、私が机を机として見ていないからです。

一世を風靡《ふうび》した超能力者、ユリ・ゲラーによって有名になったスプーン曲げも、同じです。テレビの前で一緒にスプーン曲げを試した人もいると思いますが（笑）、私はスプーンをスプーンだと思っていないので、ぐにゃぐにゃと曲がるのです。

「スプーンは硬い」という意識のときは、周波数が低い状態です（周波数が低いからよくない、という意味ではなく、ただ高いか低いかだけの話です)。

日常はスプーンは硬くなければ不便なので(笑)、私は「硬いスプーン」として見ているに過ぎません。でも「スプーンは粘土」だと思った瞬間、スプーンは粘土になります。

「スプーンは硬い」という意識よりも、「スプーンは硬くても柔らかくてもいい」という意識のほうがフラットですから、当然、周波数は高くなります。

この状態の周波数を使うと、スプーン曲げはもちろん、すべては人とのご縁や「おかげさま」で起こることを理解し、宇宙全体の中で生かされている感覚がわかるようになります。

そして、高い周波数のものが巡るようになり、いわゆる「運のいい人」になるのです。

このように、周波数を上げることで自分の可能性が開き、想像を超えた未来に出会えます。

これまでの「運」のイメージを一新していきましょう。

パワースポットに行ったら、運が上がるって本当？

運を上げるために多くの人が訪れるパワースポットは、きっと周波数も高いはず、と思いますよね。

しかし実際は、残念ながらそういうわけでもありません。

そもそも、パワーをもらいに行こうという不足感を持っている人たちが集まっている時点で、どんな周波数帯か想像がつきますよね（笑）。

パワーをもらいに行ったはずなのに、不足感と不足感が共振共鳴を起こして、身体の調子が悪くなる、なんてこともあるのです。

一方で、「あの神社に行ったら願いが叶った！」という話も聞きます。それは、「やるべきことをやったから大丈夫」という安心感を持って、前向きな気持ちで参拝したり、「祈り」という高い周波数になっている場合です。

パワースポットとは言え、自分の周波数と同じ周波数を受け取るので、自分の状態を整えてから行くことをおすすめします。

いいご縁とつながる、最強の方法

恋愛運で言えば、運命の人と出会いたい、という願いは永遠のテーマですが、どんな人と出会うかも自分の周波数によって決まります。

満ちれば満ちるほど、満ちた人と出会っていくので、恋愛にしろ、仕事や趣味の仲間にしろ、**波長のいい人と出会っていくには、まず自分が周波数を上げていくこと。**それがいいご縁とつながることに直結します。

また、大切なパートナーと長くつき合いたいと思うかもしれませんが、どちらかの周波数が変われば、波長が合わなくなるのは当然です。

お相手の方と一緒に周波数を上げていくことができれば、いい関係性が育まれていきますが、自分と向き合っても関係性が変わらない場合には、今の自分の周波数に合った人との新しい出会いが待っている可能性があります。

運の大きな循環は、交換条件を超えたところにある

また、風水では色や方角が運に影響を与えるとされています。

たとえば、黄色や金色のお財布を持つと金運がアップすると言われていますよね。色にも周波数があるので、黄色や金色を見ることで気持ちが元気になり周波数が上がる、ということはあるかもしれません。周波数が上がると自分の内側が調和していくので、金運もアップすると言えるでしょう。

他にも、トイレなど水回りの掃除をすると金運がアップする、という話もよく聞きます。たしかに、自分の状態が滞っている人は、気も淀《よど》んでいるので心に余裕がなく、水回りをきれいにしたい、というところにまで気が回りません。

しかし、だからと言って、「きれいにしなければいけない」と強迫観念になってい

るなら本末転倒。どんな動機で行動しているかが大事です。

そもそも、パワースポットに行ったら運がよくなる、黄色のお財布を持ったり、トイレ掃除をすれば金運がアップする、などは**「何かを得るために何かをする」という、交換条件による行動です。**

もちろん、それを信じておこなうのは決して悪いことではありません。でも、周波数という視点から見ると、それは一時的に自分の運を上げるだけの狭い範囲の運なのです。

周波数が高い人は、同じ掃除をするにしても、「水回りを掃除したら気持ちいいな」というように動機が純粋です。そこに交換条件はありません。

そのような高い周波数でおこなったことは、家庭なら家族へ、公共の場ならお客さんやその場にいる人たちへと、心地よさや幸せを広げていくことができます。

すると、純粋にあの人を応援したい、あの人と仲よくなりたいなど、知らないうちに大きな運の循環が起こり出すのです。

満たされた人は、自分の内側に運があることを知っている

心の勉強をしてきた人ほど、自分を愛することや満たすことに取り組んでいるかもしれませんが、そもそも「満たされた人」とは、どのようなイメージでしょうか？

毎日がご機嫌でワクワクしていて、何をしていても幸せそうでニコニコしている人？　あるいは、人生が思い通りに展開している人？　多くの人はそんな様子をイメージするかもしれませんね。

でも、ちょっと違います。

「満たされた人」とは、自分の中の「ある」を認識できる人です。

たとえば、友だちからコーヒーは身体によくないと聞いて、疑問に思ったあなたは、インターネットで検索してみたとします。

すると「コーヒーは身体を冷やす」という記事が目に入り納得した瞬間、「老化防止にいい」という記事を見かけて迷いはじめ、またすぐに「人体にカフェインは必要か？」という記事を読んで、結局どうしたらいいのかわからず大混乱！

このような人は、実は多いのではないでしょうか。

情報過多の今、簡単に情報を手に入れることができる反面、外側に正解を求めに行けば行くほど、正解がわからなくなります。

意識の矢印が外側に向いている人は、自分の中に「正解がない」と思っているので、外側に探しに行くのですが、外側に向かっている以上、いつまでたっても不安感を拭《ぬぐ》い去ることはできません。

他人と比べて「あの人は運がよくて羨《うらや》ましい！」と落ち込んだり、自分はダメだと思ったりすることも、すべて意識の矢印が外側に向かっている証拠。

意識の矢印が外側に向いていると「ない」にフォーカスされるため、不安感が増えて周波数は低くなり、意識の矢印が内側に向いていると、自分とつながり安心感が増えるので、周波数は高くなるのです。

人が不安になる仕組みはシンプルです。「私には○○がない」というように、「ない」ところにフォーカスしているとき。

「運をもらいたい」と思う人は、「私には運がない」と思い込んでいませんか？

つまり「開運しに行こう！」と言えば言うほど、「私は運がないのです〜！」と宇宙に宣言しているようなもの。

不安の対極にあるのは安心感。それは意識の矢印を内側に向けて、まず自分の中の「ある」ということに気づいたときに、得られるものです。

開運のスパイラルに乗るためには、自分に必要なものは、すべてすでに「ある」と知ることです。

実際、あなたという人間は、存在しているだけで、すでに多くの「ある」を持っています。

あなたはすでに満ちています。もう自分を満たすことに一生懸命にならなくても大丈夫。遠慮せずに開運スパイラルの階段を上っていきましょう。

できない体験ほど周波数を上げるチャンス

自分に不足感がある人は、「私は〇〇さんのような才能がないから無理」などと、周りと比較して最初からあきらめてしまいがちです。

でも、人の才能はそれぞれ違います。

自分にとって「できないこと」があるからこそ、人から助けてもらう、という経験ができるのです。

このように人との関わり、助けてもらえる体験をすることで、自然と感謝という気持ちが生まれます。

「感謝しなさい」ではなく「感謝が生まれる」世界を体験できるのです。

「できない体験」には、すべて意味がある。

私はそう断言することができます。

私は銀河・宇宙の記憶が色濃くあるので、私たち人類がこの星、地球に何をしに来ているのかが明確だからです。

地球は「体験の星」です。

人は1人では生きてはいけません。

できないがゆえに人に助けてもらいますが、あれもこれも、身体がないと体験できないことばかりです。

体験して学び、学んでまた体験して……というくり返しから、感謝や愛といった高い周波数を生み出していきます。その高い周波数が、究極的には地球のアップグレードに貢献するのです。

魂が宇宙に持ち還ることができるのは、唯一、周波数だけなのです。

潜在意識の微調整で、不安は減らせる

心の中に「不安貯金」と「安心貯金」があるとしたら、あなたはどちらの貯金が多いでしょう?

人は不安を感じると、一生懸命に不安をなくそうとしますが、「不安をなくそう、なくそう」と必死になるほど、不安は拡大し、不安貯金が増えていきます。

意識は、フォーカスしたものを拡大させる特徴があるからです。

でも、そもそも人は不安をゼロにできない生き物なんですよ。だから、ここはあきらめましょう(笑)。

不安は、あっていい。それを大前提にしてみてください。

胸の辺りに片手を添えて、「不安があってもいいよ」と心の中でつぶやいてみましょう。あなたは1人ではありません。今、触れている身体は、あなたと共にいてサポートしてくれているのですから。

力んでいた肩が少しリラックスしたり、体温が少し上がったりしたら、あなたの不安貯金は少し減って、安心貯金が少し増えたということ。

このように、不安をなくそうとするのではなく、「割合」を減らせばいいのです。

これを、私は潜在意識の「微調整」と呼んでいます。

不安貯金が50だった人が49になるだけで、ずいぶん楽になる感じがすると思います。

100を0にしようとしなくても、潜在意識の微調整で、人は目の前の現実を変えることができるのです。

日本語に「ほどほど」「あいまい」「さじ加減」といった言葉があるように、日本人は微調整をして割合を少しずつ変えていく方法が得意なのです。

1%でも不安が減ったことにフォーカスできたら、その認識が拡大するので、「不安が減る」という現実につながります。

安心貯金が49から50になったと認識することで、「安心が増える」につながります。

心に副作用を起こさない「微調整」という方法を使って、周波数を上げていきましょう。

不安はあって大丈夫！

「すぐ不安になっちゃう私って、かわいい♡」

微調整をくり返して、安心貯金をぷくぷく増やしていきましょう。

ご先祖様の叡智を今と未来につなぐ細胞

「意識とは、脳内だけで起こるものではなく、体のあらゆる部分（全細胞）で生じる全体現象である」

これはドイツの生物物理学者、フリッツ＝アルバート・ポップ博士が論文で発表した言葉です。簡単に言うと、**「意識は細胞のDNA一つひとつにある」ということ。**

多くの人は、意識は脳（頭）にあると思っていますが、そうではなく細胞一つひとつのDNAに意識がある、ということがわかったのです。

そして、「意識は永久不滅」「寿命がない」こともわかっています。

ということは、私たちは何世代にもわたるご先祖様のDNA、叡智《えいち》とも当然つながっています。

さまざまな時代の数え切れない苦難を生きた体験から、ご先祖様たちは徳や叡智を培ってきました。その記憶を私たちはしっかりとDNAに刻んでいるのです。

たとえばもし「勇気がない」「自信がない」「幸せになる方法がわからない」「自分自身を生きられない」など不安や悩みを持っていたとしても、何世代もさかのぼると、たくさんのご先祖様がそれらをすでに体験し、その克服の仕方を体得してくれています。

こうした目に見えない応援も、運という周波数です。

運は「運ぶ」と書きますが、それはDNAを通して、長く愛し続けてきてくれたご先祖様たちの愛を運んでくれているのだと思います。

ぜひ、あなたのルーツを感じてみてください。たとえば、家系図を調べてみるのもいいですね。親戚がたくさん集まるときには、ご先祖様の話を聞けるチャンスかもしれません。

できないことや足りないことなど、自分には「ない」ものが多いと思ったとしても、それを埋めても余りあるほどのご先祖様の優しさや強さ、決断力、慈愛などの徳が、あなたの中に確実に受け継がれているのです。

臓器は全体で調和を取っている

私は、臓器との対話を通して潜在意識をアップデートしていきますが、なぜそれが可能かと言うと、先ほどもお伝えしたように、意識は身体の細胞一つひとつのＤＮＡにあるからです。

そして、臓器たちは常に全体で調和を取っています。

体調不良になるのも、臓器たちがフラットな意識に戻そうとしてくれているからです。

たとえば、胃が不調なときに治療し、調子がよくなったとしても、しばらくしてまた元に戻ってしまうのは、意識のアップデートが起きていないから。

一時的によくなっても、全体の調和が取れないと、また体調を崩しやすくなるのです。

しかし、潜在意識をアップデートして「フラット意識」に近づくように微調整していくことで、全体の調和も取れて、体調もよくなっていきます。

潜在意識が深まるということは、周波数が上がり調和に近づくということ。つまり、不調になりにくい体質になることでもあります。

周波数を上げていくことは、根本治療になるのです。

もちろん、体調がよくなるだけでなく、運もよくなっていきますから、いいことずくめですね。

その「フラット意識」とは、深度と感度を高めた先にあるものです。

次章から、あなたの中にある深度と感度について、詳しく見ていきましょう。

第2章

あなたの中に眠る、深度と感度をアップデート

身体感覚からわかる深度と感度をチェック！

さぁ、ここからあなたの深度と感度をどんどん高めていきましょう。

まず、あなたの深度と感度をチェックしてみてください。深度とは、深く洞察できること。感度とは、感じる度合いのこと。

どちらも身体の感覚なので、わかりやすいのです。ゲーム感覚で気軽にチェックしてみてくださいね。

□お風呂や温泉に入ると、ホッとして気持ちいいと感じる
□家に帰ると安心する
□風が気持ちいいと感じる

□お花が美しいと感じる
□昔は許せなかったけれど、今では許せることがある
□ネコちゃんやワンちゃんを見ると、かわいいと感じる
□かわいいものを見たときに愛おしくなる
□裸足で歩くと、気持ちいいと感じる
□太陽の温かさを感じる
□心臓に手を当てるとホッとする
□嫌なことをされても、「まぁ、いっか」と許せる
□深呼吸をすると気持ちが落ち着くのを感じる
□自分をハグして、そっとさすると安心する
□好きな音楽を聴くと、心地いいと感じる
□最近、ハッとさせられる気づきがあった
□仏壇に手を合わせると安心する
□おいしいご飯を食べると幸せを感じる

□トイレで排泄をしたときにホッとする
□好きな香りを嗅いだとき、心地よく感じる
□水に触れたときに気持ちいいと感じる
□好きな洋服を着ると、心地よく感じる
□自然と感謝が湧きあがる出来事があった
□仕事を終え、帰途につくとき安心する
□お布団に入るとホッとする
□自然の中に行くと、心地よく感じる
□他人から「大丈夫だよ」と声をかけられると安心する
□笑顔を向けられると嬉しいと感じる
□大好きな仲間といると安心する
□お店を雰囲気で選ぶことがある
□元気がある人とない人は、なんとなくわかる
□喉が渇いたと感じる

□おなかがすいたと感じる
□トイレに行きたいと感じる
□会話の中で「あっ！」という気づきが多い
□以前なら自分にダメ出ししていたことが、今は自分を許せている

どうですか？　5つ以上当てはまったものがあれば、おめでとうございます！　あなたの深度と感度は高い証拠です。

たとえ、心地よさや安心感を感じにくいとしても、喉が渇いたら水分補給をしますし、おなかがすいたら栄養を取るということができれば、それだけで身体の感度は十分だと言えるのです。

頭ばかり働かせている人は、自分はちゃんと感じられているのかわからない、と思うかもしれませんが、ここにあげたようなことを感じているときは、深度と感度が高いということ。自分の身体を信頼してあげてくださいね。

これからの時代を生きるカギは「深度」

「深度」という言葉は聞きなれないと思いますが、深度を理解するために、まずこの世界の成り立ちからお話ししましょう。

冒頭でもお伝えしたように、この宇宙はすべて周波数でできていて、それぞれ固有の周波数（振動）を持っています。

目には見えなくても、コーヒーカップや机、私たちの身体、地球、すべてが振動しています。

振動は粒子が粗くなるほど遅くなり、粒子が細かくなるほど速くなります。

そして、粒子が細かくなるほど深く浸透し、振動も速く、波動は軽やかになります。

それと同じことが意識でも起きていて、私たちの意識が深くなるほど、粒子が細かくなり、それにともない周波数も変わっていきます。

その意識が深まっていく変化は、顕在意識（個人）→潜在意識（集合意識・遺伝）→神意識（愛）となります。

集合意識とは、私たち一人ひとりが共通して持っている無意識のことで、時代によって変わります。

そして、神意識（愛）まで深まると、深度は「神度《しんど》」となり、感度は「神度《かんど》」となります。

これは現実的にどのようなことかと言うと、たとえばあなたの周りに、人づき合いが苦手で、いつも不愛想な人がいたとします。

一見「つき合いづらいな〜」と思うかもしれませんが、深度が高まると、その人がなぜ人づき合いが苦手になったのか、そこに至るまでの背景（物語）を感じる視座が持てるようになるのです。

つまり、その人を深く理解することができるようになります。それは愛情深く寄り添えることにつながっていきます。

相手を深く知るようになることは、実は、自分のことを深く知っていくということでもあります。

自分自身とどこまで深くつながるかに比例して、周りの人を深く見る（深く知る・深く関わる）ことができるようになり、人間関係も変化していくのです。

視座を上げて意識を深める

ある男性のクライアントさんのお話です。彼は大学を出て企業に勤めたあと、独立しました。現在は有名起業家たちとも交流があり、お金も稼いでいます。彼は、周りの人から「お前は運がいいな」と言われることを話してくれました。

たしかに、表面的に見ると「あの人は運がよくて羨ましい～」と思うかもしれません。ところが、私はセッションをしてわかったことがありました。

彼の人生には、運がいいどころか、壮絶な物語があったのです。

実は、その男性が育った家庭環境は、とても厳しいものでした。お父さんを小学生のときに亡くし、母子家庭で育ちますが、お母さんは重い心の病気を抱えていて、人と話せる状態ではなかったと言います。当時の彼の家には、とても進学するお金などなく、一度は進学をあきらめたそうです。

ところが、進学を相談する時期の３者面談に、話せないお母さんの代わりに親戚が来てくれました。そのとき、学校の先生は彼に大学に行くように説得し、親戚の力も借りながら大学に進学。そこでは貴重な友だちと出会い、どんどん人生が広がっていきました。彼は私にこう伝えてくれました。

「すべて何かに導かれるように、今日まで来た気がします。不運としか思えない家庭環境だったけれど、僕は応援されて、ここまで来られたことに感謝しているんです。だから運がいいと思っているんです」

人はいつも、見た目ではわからない物語を背景に持っています。その〝背景のストーリー〟は、視座を上げて神意識（愛）の目で見ることで、はじめて観えてくるのです。

視座を上げて意識を深めること。これが深度です。

このお話のように、3次元的には不運にしか見えないことも、神意識（愛）の目で観ると、運がいい物語に変容します。

運の周波数は、マイナスからプラスへ、低い視座から高い視座へなど、差異があればあるほど、大きなスパイラルとなって拡大していくのです。

「みんな違っていい」には深さがある

深度が高まっていくと、人と自分の違いというのが深く理解できていきます。

たとえば、「一人ひとり、みんな違っていい」という言葉を聞いたことがある人も多いでしょう。ところが実際のところ、納得できない人や理解できない人と出会ったときに、「人は違っていいのよ。あの人と私は違うから」というように、思考（顕在意識）で無理やり納得しようとしている人も多いのではないでしょうか。

理解できないあの人にイライラしているのにもかかわらず、理屈で自分の感情を抑え込もうとしているわけです。これって、あるあるですよね（笑）。

ところが、深度が高まり、自分と深く関わることができるようになると、**「あ！他人と違う部分を許せていないのは、自分自身だったんだ」と気づきます。**

こうして腑《ふ》に落ちた瞬間、意識はアップデートされ、深度が高まっていきます。自分に納得させているうちは、潜在意識はアップデートされていませんから、納得できない人や、理解できない人と出会ったときは、深度を高めるチャンスだと思って、楽しみながらトライしてください。

そしてあるとき、そういう人と出会っても気にならなくなっていたり、またそういう人の話もしなくなっていたら、アップデート完了です！

そのときは、より生きやすく心地いい環境を選べるようになったり、身体の調和が取れはじめたりするなど、体験することが変わっていきますよ。

焦らなくても大丈夫。他人を変えようとせずに、自分の魂が歓喜する方法で、歩みを進めていきましょう。

その道を思い切り、体験して味わい尽くすことが大切です。

深度が高まるにつれ周波数も高まり、軽やかな運とどんどん同期していきます。そのときあなたは、軽やかな人間関係に囲まれて、生きやすくなっているでしょう。

気づきの深度は脳波に現れる

よく「気づきが人を成長させる」「気づきが人生を変える」などと言われるように、気づきによって潜在意識はたしかにアップデートしていきます。

そして深い気づきほど、周波数が上がっていきます。

ひとつ例をあげると、「命は尊いですよ」と学校の授業で教えられたとして、頭では理解ができても、それがただの知識では深度は高まりません。

大切なのは、どれだけその言葉を自分のものにできたか、ということ。

潜在意識をアップデートさせるには、意識の奥深くに眠る潜在意識にアクセスするほどの深い気づきが必要です。

また、「前提を変えると現実が変わる」という言葉も聞いたことがあると思います。

たとえば、「食事はお母さんがつくる」「家の大黒柱はお父さん」などという前提を持っているために生きにくい人は、その前提を変えると現実が変わっていきます。

けれども、顕在意識（思考）で前提を変えたところで、現実は変化しません。

前提を変えるとは、潜在意識の前提（信念・思い込み）が変化することを指します。

ここまでアプローチができてはじめて深度が高まり、運の周波数が上がるのです。

実際、頭で理解しただけの知識なのか、それとも本当に腹落ちして理解したのか、この気づきのレベルの違いは、脳波の違いに現れます。

「あっ！　なるほど！」と思わず言ってしまうほどの気づきがあった場合は、完全に潜在意識がアップデートされています。私は周波数マニアなので、この一瞬の脳波を見逃しません（笑）。

深い気づきは現実を変える

以前、受講生から「仕事が忙しくて1泊2日の旅行もできない」と相談されたことがありました。私が、「潜在意識をアップデートすれば行けるようになりますよ」とお伝えしたところ、「そんなの絶対、無理です」と不機嫌そうに答えました。

この時点の彼女は、自分の未来に対して他の選択肢があると信じることができませんでした。

その後、彼女は「頑張らないと認められない。認められたいから休めない」という信念が潜在意識にあることに気づき、アップデートしていきました。

すると、半年もしないうちに、大好きな野球を見るために1泊2日の旅行ができるようになっただけではなく、宿泊を含む私の講演会にまで参加してくれるようになりました。もちろん、お仕事もスムーズに運んでいます。

このように、**数十年間、当たり前のように「できない」と思っていたことでも、潜在意識をアップデートすると、人間関係や環境がガラリと変わることはよくあることなんですよ。**

潜在意識のアップデートを早めるコツ

個人セッションをした人や受講生の話を聞いていると、多くの人が、お母さん（お父さん）に嫌われたくない、認められたいと思い、「期待に応える人生」を送っていることがわかります。

このような人は、「愛を与えてくれる存在＝家族」という前提を持ち、お父さん、お母さんへの愛情に向き合うなどして、自分の中の「お父さん、お母さん問題」を解決しようとしています。

潜在意識をアップデートする際、この「お父さん、お母さん問題」にアプローチすることは大切ですが、ここにずっととどまってしまうと、親と自分の関係性に執着してしまい、かえって苦しさを強めてしまうケースがあります。

心の段階やケースによっては、「お父さん、お母さん問題」にこだわり過ぎず、先に視座を上げることも大事。

深度と感度を高めて、視座を上げて親の人生を観察するほうが、潜在意識のアップデートが早まることがあります。

意識を拡大して（高めた）視座で見ると、あなたに愛を与えてくれる存在は、親だけではないことがわかります。友人や学校の先生、近所の大人たち、仕事の仲間、子どもや動物、植物など、いろいろな存在に愛されていることがわかります。

そういう意味で言うと、愛を与えてくれる存在は家族だけではなく、地球のすべての存在だと考えることもできますね。

そもそも、私たちは両親や兄弟など生まれ育った家族と生きるためだけに、この星に降りてきたのではありません。

胎内記憶などで言われているように、「子どもが、お母さんを幸せにしたい」と思うのはその通りですが、一生それだけで終わるわけではありません。

たくさんの経験をして、自分を生きることを学び、この星に貢献して生きていくのです。

個人の意識だけで見ていると、「愛を与えてくれる存在＝家族」という思い込みに縛られてしまいますが、私たちは神意識（愛）とつながっている存在です。

富士山も4合目、5合目の辺りからでは周り全体は見えませんが、頂上まで行くと360度見渡せるのと同様に、意識を拡大すると、自分を客観的に見ることができるようになるので、とても楽に生きられるようになるのです。

この星に生まれた時点で、幸せ探しは卒業している⁉

スピリチュアルの世界では、この星、地球は大人気で、高倍率をくぐって生まれてくる、と言われます。

大人気の理由のひとつは、肉体を持ち、さまざまな感情を味わえるからですが、それが本当なら、この地球に生まれたこと自体が奇跡であり、この星に生まれているだけで幸せなのです。

地球に生まれた時点で、幸せ探しは卒業です。

深度と感度を高め、周波数を上げた先にあるのは、「この星に何をしに来たか」というステージにシフトしていくこと。

自分が幸せになるために周波数を上げていくステージから、他者が幸せになるために周波数を上げていくステージへと、シフトしていきましょう。そんな無限の可能性があることを知るだけでも、なんだかワクワクしませんか？

「感度」を高めてあなただけの正解を持つ

感度とは感じる度合いのことで、思考を超えたところにあります。

感度を高めると、微細な感覚がわかるようになり、感度が鈍ると感じる力も鈍ります。

深度と感度は比例するので、深度が高まると感度も高まり、感度が高まると深度も高まります。

感度を高めることで、受け取れるメリットはたくさんあります。

たとえば、これからの時代、「こうあるべき」という秩序がどんどん変化していくでしょう。2026年以降は、特にそれが顕著になるように感じていますが、そんな時代の転換期に、もっとも頼りになるものは、自分の感覚です。

自分の感覚を信じることが、頼りになっていきます。

だからこそ、感度を早めに高めておくこと、取り戻していくことが大切になります。

感度が高まると、人は幸せをより感じられるようになります。

なぜなら、幸せは感じるものだからです。幸せになる方法をいくら考えても、人は幸せになれないのです。

同じように、多くの人が大切だと認識している「愛」「幸せ」「喜び」「感謝」などは、あなたの内側で「感じる」ことしかできませんね。

このように高い周波数の感情をどんどん感じることで、自分の内側の周波数も高まっていくと言えますが、周波数が高まることで感度も高まります。

深度と感度と周波数の関係は、相乗効果で高め合いスパイラルとなって拡大していくのです。

インスピレーションを受け取れる人になる

インスピレーションは、「直感」「ひらめき」などの意味で使われていますが、その語源は「魂に息を吹き込まれたもの」「神の息吹」とも言われるラテン語です。

思考を超えて、自分の内側に深く入っていくことで、深度と感度は高まり、神の息吹であるインスピレーションを受け取れるようになります。

すると、ひとつの物事に対して、複数の考え方（とらえ方）ができるようになります。選択肢が増えるのです。

たとえば、セラピストとして起業したけれど、お客さんが集まらない場合、「自分には才能がない」「やっぱり私には無理だ」と、すぐにあきらめてしまう人もいるでしょう。

でも、深度と感度が高まり、高い視座を持つことができる人は、「別の集客方法を考えてみよう」「需要がある場所を探してみよう」「起業している友だちに相談してみよう」など、他の道があることにどんどん気づけるので、可能性が広がっていきます。「あれも」「これも」「あっちも」「そっちも」と宇宙に広がる多くの選択肢に気づき、無限の可能性を確信することができるようになるのです。

一般的に言われる「運がいい」「ついている」という人を観察していると、まるで未来予測のような感覚を無意識に使っていることがわかります。

「ふと、そこに行ってみようと思ったのです」
「なんとなく、こういうものが流行する気がして」
「ふと、やってみようと思いついたのです」

というように、日常では見過ごしてしまうような「なんとなく」とか「ふとした感覚」から、人生を変えるご縁につながることがよくあります。

結果として、そういう出会い（出来事）のおかげでいい方向に流れた場合、人は

「運がよかった」となりますが、もう少し深く観察してみると、「目には見えない自分の感覚を無意識に使って動いた結果」ということは明らかです。

インスピレーションとは、神の息吹、神の意図ですから、そのインスピレーションを使うということは、神との共同創造とも言えますね。

感覚や感性を研ぎ澄ますことで、運の周波数はどんどん上昇していくのです。

1%の違和感に気づける人は、運の周波数が高い人

「違和感=嫌なもの」と思っている人も多いのですが、この違和感こそが、深度と感度を高めるのに重要です。

たとえば、人間関係で、以前はとても気が合っていたけれど、「最近なんか違うな〜」と感じることは誰でもあると思います。

そういうとき、「ずっと一緒にやってきた仲間だし」「いろいろお世話になった人だから」などと、そのわずかな違和感をやり過ごしてしまうことがよくあります。

あるいは、職場で「そうは言っても、いい会社だから」「今の状態が、結局は合っている気がする」などと、違和感を抱えながらも現状維持を選ぶケースもあります。

このような場合、たしかに現状維持はできているかもしれませんが、周波数も現状

維持のまま。せっかく運の周波数を上げる扉が開いているのに、自らそれを閉じてしまうようなものです。

違和感は、周波数を次のステージにアップさせる前兆、いい兆《きざ》しなのです。

現状維持は、同じところで円を何周も描くようなもの。それに対して、魂が成長していく過程は、スパイラルです。

違和感に敏感になり、使いこなせるようになると、ステージが変わり（周波数が上がり）、運のスパイラルが加速して上昇します。

私の友人に、誰が見ても運がいい人だとお墨つきをもらう人がいます。その人は、心地よさを大切にしていて、少しの違和感も見逃さないようにしていると言います。「1％でも違和感のあることは、やらない」と決めているのです。

自分の喜びにつながるもののときは身体が整い、違和感があるときは身体がバラバラになる感覚があるそうで、すぐにわかると言います。

また、違和感に正直に生きることで、会いたい、話したいと思う人たちとどんどんつながっていき、心も身体も整うなど、以前とは別のステージにいる感覚もあるそうです。

違和感に対して見ないふりをし続けると、身体に不調が起きやすくなるのです。

違和感は自分の本来の生き方への軌道修正と、それにともなう可能性を広げる前兆です。

人は日々変化をしていて、周波数も変わっていきます。ですから、昨日と今日の心地よさに変化が現れて当然ですね。

ふとした違和感から自分の正直な気持ちを知り、選択し直すこと、つまり微調整をくり返していきましょう。

もし、あなたも今、何か違和感があるなら、周波数を上げるチャンスですよ。

臓器への「ありがとう」の周波数シャワーが、感度を高めて開運へ導く

感度を高めるためにもっともおすすめの方法は、臓器に「ありがとう」の周波数シャワーを浴びさせることです。

なぜ「ありがとう」かと言うと、「ありがとう」の周波数はとっても細やかなナノ周波数なので、細胞の奥深くまで浸透しやすいからです。

臓器はどんなときも、あなたと共にいてくれる存在。ですから、いつでもどこでも、手ぶらでも、意識を向けることができます。

私が「身体」と言わずに「臓器」に意識を向けることを伝えているのは、「身体に意識を向けましょう」と伝えると、身体のどこに意識を向けたらいいのか、意識の向け先があいまいになるからです。

意識を向けたところが拡大されます。ですから、たとえば「心臓」に「ありがとう」の意識を向けたなら、ピンポイントで心臓にナノ周波数を浴びさせることができて、とても効果的なのです。

あるクライアントの女性は、病気の検査を受けるたびに、採血をしていました。彼女の血管は細いため注射の針が刺しにくく、いつも1度で採血できたことがなかったそうです。何度も検査を受けていた彼女は、腕だけではなく太ももからも採血し、皮膚は注射の痕《あと》で醜くなり、もう針を刺すところが見つからないような状況でした。

そんなある採血の日に、彼女は病院の駐車場で、私が毎週配信しているＬＩＮＥを読みました。するとそこには、**「ありがとう」の声がけが、愛からか、恐れからかによって、臓器たちに伝わる振動が変わる**ことが書いてありました。

それを読んだ彼女は、涙が止まらなくなったと言います。

「ヒロミさんがいつも臓器に『ありがとう』と声がけをすることを教えてくれていたので、私も自分の臓器たちに『ありがとう』と声をかけていました。でも、私はこれ以上悪くならないでね、注射も痛くしないでね、という恐れから、『ありがとう』と言葉をかけていたことに気づいたのです。

私は、駐車場から検査室に行くまでの間、病気を快方に向けてサポートしてくれてきた臓器たちに、愛を込めて『ありがとう』と言い、そして、たくさんの注射の痕に向かって、数え切れないほど頑張って守ってくれて『ありがとう』と、声をかけ続けました。

採血の最中には思いがあふれてきて、『もう、そのままでいいよ。ありがとう。ありがとう』と、泣きながら声をかけ続けていました。

すると、驚くことに、はじめて1回で血管を見つけてもらうことができたのです。私は、皮膚から、身体全体から、愛されているのを感じました。本当に感じたのです」

痛みに耐えられなくなっていた彼女の意識が変わったポイントは、恐れではなく愛を使ったという点です。

それだけで彼女のつらい出来事は、奇跡の体験に変わりました。

「ありがとう」という感謝、そして愛は、周波数を上げるのです。

あなたの臓器たちは、今、この本を読んでくれている瞬間も、あなたが生まれてから身体を卒業するまで24時間、無休&無給で働き続けています。

臓器たちは1秒も愛を止めることなく、来る日も来る日もあなたを愛し続けてくれています。

この世界は無数の選択肢がありますが、ここはどうぞ一択で(笑)。臓器たちに、「ありがとう」のナノ周波数シャワーをたくさん降り注いであげてくださいね。

思考の感謝から、湧きあがる感謝へ

臓器たちに「ありがとう」の愛の周波数を伝えることで、潜在意識のアップデートが起こりやすくなることはお伝えした通りですが、ここで、「感謝」にも深さがあることをお話しします。

よく「感謝しなさい」「感謝は大切です」と聞きますが、感謝にも深度があります。深度が低い感謝は、「感謝しなければいけない」「感謝しておけばいいんだよね」といった知識で判断している「思考の感謝」です。

私が周波数を観察していると、このような深度の低い感謝は、脳ばかりが活発に光っていて、心臓の色や振動に変化がないのが特徴です。

自覚していない人がほとんどですが、自己啓発法などで感謝が大切だと学んだ人ほど「感謝しなければいけない、感謝できていない自分はダメだ」と思いがちです。

また、「感謝することで幸せになれる」「感謝すれば運がよくなる」というような場合も、感謝に交換条件という条件づけをしているので、「思考の感謝」です。

感謝は本来、周波数が高いのですが、条件をつけた時点で交換条件に見合う周波数に変換されてしまいます。

周波数が高い感謝とは、無条件に内側から湧きあがる感謝です。これは無条件の周波数、神意識（愛）の周波数と同期します。このとき、臓器はカラフルな色が弾け飛び、まるで宝石箱のように私には見えます。


一方で、「ありがとう」と言葉だけでも感謝を口に出すことで、人生が変わるという話もあります。潜在意識から見ると、くり返し思うことが、やがて信念となりますから、この考え方もたしかでしょう。

ただ、自分に合うかどうかという相性があります。また、変化するまでに時間がかかるので、根気も必要です。私はあまり根気がないので（笑）、24時間無休で働いてくれている臓器たちに向けて、自然に湧きあがる感謝を伝えることからはじめていきます。

言葉にも周波数がありますから、「ありがとう」のように高い周波数の言葉を発することは深度を高めることにつながります。けれども、同じ言葉であっても、**「言葉に体温を乗せること」が重要なのです。**

内側から感謝が湧きあがってくるようになると、自分自身に「よく頑張ってきたね」と声をかけることができるようになったり、悲しかったりつらかったことなど、これまでのあらゆる経験が感謝に変わりはじめます。

縁あって出会えた人たちや家族のみならず、ご先祖様にまで自然と感謝の気持ちが湧きはじめます。

このときの感謝は言霊《ことだま》となって、その周波数は自分の細胞だけではなく、発振された相手にまで深く浸透します。

このような状態のとき、私はお互いの光がどんどん増幅していく様子がはっきりと見えて、その圧倒的な美しさに息をのむのです。

さらに深度が高まると、生きていることへの感謝が込み上げ、またすべてのことに感謝できるようになります。

それまでは、誰かや何かに向けての感謝だったものから、自分の命、生かされていること、存在そのものといったように対象物がなくなり、最終的には、すべての存在に感謝が湧いてくるのです。

こうしたお話は特別に聞こえるかもしれませんが、感謝は日常にあふれています。

宇宙が私たちに「地球で宝物探しを楽しんでね」と、微笑んでいるように思えるほど、目には見えない感謝や愛が、あらゆる空間にちりばめられています。

深度と感度が高まると、このような目に見えない微細な周波数に気づきやすくなり、それらを認識することで、宝物たち（感謝や喜びや愛）が姿を現します。

どこまでも深度と感度を高めていき、あちこちにちりばめられている深い愛と感謝を丁寧に受け取っていくことで、神意識（愛）に還ることができるのです。

定義をゆるめると運の周波数はアップする

深度と感度を高めるためには定義を減らす、もしくはゆるめることが大切です。

定義とは、「結婚したら○○しなければならない」「子育てとは○○するものだ」「親なら○○して当然だ」といったような「○○すべき」という信念です。

定義には、自分だけが持っている定義もあれば、集合意識となっている定義もあります。無意識ですから、みんな自分の定義が正しいと思っています（笑）。

たとえば、一時期マヨラーという言葉がはやったときに、ある男性が、「ご飯にはマヨネーズをかけて食べるものだ」と豪語していました。周りにいる人たちは苦笑いをしていましたが、彼にとっては立派な定義となっていたのです。

「運とは○○だ」「○○だと幸せだ」「幸せになるには○○すべきだ」といった定義をたくさん持っていると、「この定義に当てはまらないから、幸せではな〜い！」と、どんなに素晴らしい出来事があったとしても、はね除けてしまいます。自ら、目の前の幸せを否定してしまうのですから、深度も感度も低くなってしまうのです。

幸せを自ら否定しているとき、臓器たちがシュンとしている様子を私はよく見受けます。臓器たちは、身体の持ち主さんにたくさん幸せを感じてほしいからです。

定義が減るにしたがって、その境界線はほどけていきます。

そして、ある一定の割合まで減っていくと周波数が大きく変わり、運の周波数も上がっていくのです。

幸せの定義をゆるめることで、深度と感度は一気に高まります。ゆるゆるっとゆるめて、幸せの許容範囲を広げましょう。

日々幸せをたくさん感じている人は、何か特別なことをしているわけではなく、幸せの定義が少ない人と言えるのですね。

深度・感度を下げる「許せない状況」

「母親は朝昼晩の3食をちゃんとつくるべき」という定義を持っていると、「今日は疲れているからつくりたくない」と思っても、罪悪感からつくってしまうこともあります。

つまり、潜在意識で持っている定義に無意識に縛られているから、「(ご飯をつくらないことを)許せない」という状態がつくり出されるのです。

自分を苦しめるもの、生きづらさを感じるものには、知らずに持っている定義があるものです。ですから定義を見つけて、どんどんゆるめていきましょう。

一方で、「母親は朝昼晩の3食をちゃんとつくるべき」という定義をゆるめて、「ご飯をつくらなくていい」と思うようになったら、子どもにとってダメな母親になってしまうのではないか、と心配する人もいます。

安心してください。定義をゆるめて潜在意識をアップデートしていくと、「つくらなければいけない」とあなたを苦しめていた義務感がなくなり、「つくりたい！」という喜びから料理をするようになりますよ。

つくりたくてつくった料理は、愛の周波数を放ちますから、身体に与える栄養も変わります。それを食べる家族の意識も感謝に変わるでしょう。

これこそが、深度と感度が高まり周波数が上がっていった状況です。


あなたを縛っている定義は、想像以上にいろいろあるはずです。たとえば、「友だちとは仲よくすべき」「努力しなければ成功しない」「女性は愛想よくしなければならない」「苦手なことも頑張らなければいけない」「パジャマは毎日変えなければダメ」「お金を稼ぐにはたくさん働かなければ」など。

縛られている自覚がない定義や、よかれと思って疑わない定義など、無意識にたくさんの定義を持っているものです。

許せない、つらい、苦しい、怒りなどの感情が湧いてくるときは、自分の内側を見つめて定義を探してみましょう。

さて、定義のゆるめ方ですが、私のおすすめは、**決めてもいいけど、決めすぎないこと。フラットに考えてみましょう。**

「友だちと仲がよくても、よくなくても問題ない」「お金がたくさんあっても、そうでなくても豊かになっていい」「家事をしても、しなくても私は存在していい」

こんなふうにファジーな感覚を持って、心のスペースを広げていきましょう。**できないときは、「そんな私、かわいい♡」でOKです!**

相手を変えたい！ と思ったときこそ異文化交流をする

「それでも、やっぱりあの人には腹が立つ！」

というように、自分を見つめて定義をゆるめても、溝が埋まらない人間関係もあるでしょう。

そういう人に私が提案するのは「異文化交流」。

意識を広げて、人間関係を国際交流のようにとらえてみるのがポイントです。

たとえば、海外旅行をしているとイメージしてみてください。

海外に行くと文化が違います。文化が違えば、食べるものも見るものも、考え方も言語も異なりますね。ですから、理解できなくて当然です。

フランスに行って、フランス語が理解できないからといって、なんで日本語を話してくれないのかと、怒る人はいません（笑）。その理由は、お互いが違うことを前提に、コミュニケーションを取っているからです。

ところが、家族やパートナーなど、距離が近くなると一気に同じ気持ち、同じ思いになることを求めてしまいます。


わかり合うとは、同じ気持ちになることではなく、違いがわかることです。


このように、どうしても理解できない相手がいるときには、異文化交流をしていると思って、コミュニケーションを取ることをおすすめしています。

たとえば、パートナーはフランス人で、職場の上司はアメリカ人、同僚はブラジル人……と考えたら、わかり合えなくて当たり前（笑）。そう思えたら少し楽になりませんか？

今、プッと笑えたあなたは、深度と感度が高まり、微調整がはじまっています。

理解できない相手にイライラするのではなく、海外旅行をしていると想像して、異文化の人には寛容になれたり、好奇心も旺盛になれたりする自分を「よく頑張っているね、私」と、くり返しましょう。

人間関係がわずらわしいと感じる人もいると思いますが、自分のハートを開いた分だけ、相手のハートを開くことができます。相手にハートを開いてもらいたかったら、まず、自分が先に開くことです。

世界は、自分の内側からつくられます。

人との関わり合いの中で、深度と感度を高めながら微調整をくり返して、潜在意識をアップデートしていくと、運の周波数が飛躍的に上がりますよ。

「自分らしさ」を決めない

最近、「自分らしく生きよう」とか「自分らしさを大切に」という言葉をあちこちで見かけるようになり、「自分らしさ」について考える人も多くなったのではないでしょうか。

私自身、「自分らしさがよくわかりません」といったご相談をよく受けるのですが、十数年前は生きづらさの相談はあっても、「自分らしさがよくわかりません」という相談はほぼありませんでした。

これは、「自分らしく生きましょう」と社会が定義を決めはじめた影響だと思っています。その結果、「自分らしく生きなければ、幸せになれない」と不安になっている人が多いのです。

ところが、自分らしさを決めれば決めるほど、「自分とは、こうでなくてはいけない」と思いはじめてしまい、大混乱となるわけです。

私は「自分らしさ」は決めなくていいのではないか、と思っています。

「え!! 自分らしさがわからなければ、自分らしく生きることができません！」と思われるかもしれません。

でも、自分らしさを決めるということは、決めたこと以外の自分を否定することになります。それでは自分の可能性を閉ざしてしまうことになりかねません。

たとえば、「私は明るい人間だ」と自分らしさを定義した人は、暗く落ち込んだ自分を否定し、「しっかりした人間だ」と定義した人は、天然ボケのかわいい自分を否定するようになります。

子どもの頃に「しっかりしなさい」と育てられた人は、潜在意識に「しっかりしなければならない」という信念を持って成長し、「しっかりしているのが自分らしさ」と決めている人が多いようです。

でも、よく考えてみてください。本当はおっちょこちょいなところや、天然ボケなところがあるから、「しっかりしなさい」と言われたのではないでしょうか？

しっかりしている子どもなら、「しっかりしなさい」とは言われませんからね（笑）。

このように、子どもの頃の経験によって、本来の自分らしさを「ダメなもの」として追いやってしまっているケースもよくあります。

「しっかりしている人」ではなく、「しっかりしようと努力して生きてきた人」ですよね。それも自分だけれど、天然ボケのかわいい自分も自分です。

どんな自分も自分です。決めることで生きにくくなるのであれば、決める必要はないのです。


私は、「ヒロミさんって、こういう人ですよね」と言われたときは、「ああ、そういうところもありますね」と思いますが、「それが私です」と思ったことは一度もありません。

また同様に、相手のことを決めつけることもしません。それ以外の素晴らしさを見るチャンスや可能性を狭めてしまうからです。

「自分らしさ」とは、どこの角度から自分を見ているか、ということであって、決まったものはないのです。

最近では、上司が新入社員とコミュニケーションを取るために、入社してきた人たちの性格を事前にデータで調べる企業があるようです。

たしかに、ひとつの目安にはなるかもしれませんが、人の可能性は宇宙のように計り知れないものがあります。データを見るよりも、目の前にいるその人の息遣いや体温を感じて、深度を高めて相手と向き合うことです。

私たちは無限の可能性にあふれる存在です。全体調和の中で、相手のことも自分自身のことも観察することが大事だと思います。

そのマイルールは本当に必要？

定義をゆるめることで潜在意識がアップデートされ、深度と感度が高まることをお伝えしてきましたが、定義は人生に大きな影響を与えるようなことだけとは限りません。

私たちは日常の中に細かい定義をたくさん持っています。要は、自分だけがそうしなければいけないと思い込んでいる「マイルール」です。

マイルールは「習慣」のようになっていますから、自分の行動パターンを見直すことで、気づきやすい定義と言えます。

次ページに、よく耳にするマイルールの例をあげてみました。これらを参考にして、あなたのマイルールを見直してみてください。

【マイルールの例】

- 朝起きたらコップ1杯の水、もしくは白湯《さゆ》を飲む
- 朝ご飯のあとは、コーヒーを飲む
- 朝昼晩3食、必ず食べる
- お風呂は毎日入る
- 髪は必ず夜に洗う
- 掃除は午前中にする
- トイレ掃除と玄関掃除は、必ず朝におこなう
- 朝起きたら、窓を開ける
- 朝、神棚に手を合わせる
- 朝晩、ご先祖様に挨拶する
- 新しいものは、朝におろす
- 外出するときは、必ずお化粧をする

- 駅に行くときは同じ道を通る
- 必ず携帯電話を持ち歩く
- 夜ご飯はお米を食べる
- 犬の散歩は朝か夜に行く
- シンクに置いてある食器は、寝る前に必ず洗う
- ＬＩＮＥのメッセージが来たらすぐに返事をする
- お風呂では左腕から洗う
- 寝る前に誘導瞑想をおこなう
- ご飯を食べ終わったら、すぐ食器を洗う
- 寝る前にいいことを考える

どうですか？　あなたのマイルールは見つかったでしょうか？

もし、違和感を持ったり、気になるマイルールを見つけたら、それに対して、**「なぜそれをするの？」と自分に問いかけてみましょう。**

そこで出た答えに対して、「なぜそう思うの?」とさらに何度か自分に聞き、最後に「それは喜びですか?」と問いかけてみてください。

たとえば、「掃除は午前中にする」というマイルールがある場合。
問い「なぜ、掃除を午前中にするの?」
答え「朝、部屋がきれいになると、気持ちよくスタートできるから」
問い「朝、気持ちよくスタートすると、どんなふうに感じる?」
答え「1日がやる気に満ちて、いい気分になる」
問い「それは喜びですか?」
答え「喜びです」

このように、そのマイルールが喜びからスタートしていれば、続けていてもOK。
一方で、
問い「なぜ、掃除を午前中にするの?」

答え「午前中に掃除をしないと運が下がるって、母から言われているから」
問い「それは、喜びですか？」
答え「母の習慣を真似ているだけかも」
など、喜びではなく、誰かに言われてやっているに過ぎないものは、ストレスになっていることもあるはずです。
その場合は、「午前中に掃除をしてもいいし、しなくてもいい」というふうに、微調整してアップデートしていきましょう。

質問をしてみて「特に理由なんてな〜い」という場合もあるでしょう。それは、そうするのが当たり前と思い込んで無意識にやっている状態です。

その場合は、**「それは、生きていく上で本当に必要なこと？」と自分に問いかけてみてください。**

その結果、笑えたりバカらしくなったり、自分がかわいく思えたりしたら、自分の中の定義がゆるんだ証拠。

つまり、それをしてもいいし、しなくてもいい、というふうに選択肢が増えたということ。これだけで、潜在意識のアップデートは完了です！

理由なくやっていることにも、理由はある

「特に理由なんてない」と言う人でも、実は深く見ると、必ず理由があります。でも、それを知ってしまうと自分の感情と向き合わなければならなくなるので、潜在意識は「特に理由はない」として現状維持をするのです。

私の友人は「使った食器は夜のうちに必ず洗う」という定義があり、それに対して「特に理由はない」と言っていました。

でもあるとき、「もし理由があるとしたら何？」と聞いてみると、友人は「朝、シンクに洗い物が残っていると、気持ち悪いから」と答えました。

それに対して、私が「なぜ、気持ち悪い感じがするの？」と聞くと、友人は「ちゃんとしていないと気持ち悪くて……」と言います。

そこで「過去に、ちゃんとしないとダメだと思うような出来事があったの？」と問いかけると、友人はハッとした表情になり、「そう言えば、いつも母に叱られている姉を見て、私は〝ちゃんとしなければいけない〟と思って生きてきた」と、頑張ってきた子どもの頃のことを思い出したのです。

それからその友人は、夜に食器を洗わず朝まで残していい、という選択ができるようになりました。

友人は、仕事も家事も「ちゃんとする」人。ちゃんとするのはいいことだと思い込んでいたのですが、実はストレスになっている場合もある、と気づけたのです。

朝に洗い物を残さないというマイルールは、人生全般に影響する「ちゃんとしないといけない」という信念の現れのひとつだったのです。

こんなふうに、**小さなマイルールから意外と根深い信念が見つかることもあります。**

朝に集中しているマイルール

さまざまな人にマイルールをお聞きすると、朝に集中しているように感じます。おそらく、「朝活」や「朝の習慣でその日が決まる」といった考え方や時間の使い方がはやったことも関係しているかもしれませんね。

朝は1日のスタートではありますが、それは地球に限った話（笑）。

宇宙には時間という概念がないので、1日は24時間という区切りさえ思考に過ぎません。そう考えると、昼からでも、夜からでも、自分でスタートと決めれば、いつからでも気分よくスタートすることは可能ですね。

朝のマイルールがダメなのではなく、それくらい**気づかないうちに外側の情報に影響されて定義をつくってしまっているものなのです。**

自分の身体が本当に喜ぶ感覚を見極めて、マイルールをゆるめていきましょう。

ご先祖様から受け継いだ記憶

定義や信念、マイルールを広げることは潜在意識のアップデートにつながり、運の周波数を上げるカギになることをお話ししましたが、**実は潜在意識をアップデートすることで、ご先祖様や子孫の意識にも影響を与えていきます。**

私たちには父親にも母親にも両親がいて、その両親たちそれぞれにもまた両親がいます。先祖を20代さかのぼると、なんと100万人超え！　30代さかのぼると、計算上では約10億人とも言われていますから、私たちはほとんどが親戚関係のようにつながっています。

そして、その最先端にいるのがあなたです。命のバトンを今日までつないできて、今ここで身体を持って生きているのが、あなたなのです。

一方で、それぞれの家系にもまた潜在意識があります。

家系の潜在意識は、7世代前までつながっていると言われています。

そんなに長く続いているの⁉ と驚いた人もいるかもしれませんが、前述したように**意識は永久不滅、寿命がないことがすでに科学でも証明されているのです。**

永久不滅ですから、私たちは細胞にあるDNAを通して、ご先祖様の過去の体験から得られたさまざまな信念だけではなく、叡智や膨大な情報を受け継いでいます。

細胞は記憶力を持っていますので、私たちが忘れてしまっていることも、記憶していることになります。

引き継いでいる信念はさまざまですが、たとえば、「自分を犠牲にしてでも家族を守らなければならない」「○○のために我慢すべき」「人生は苦労すべき」など集合意識になっているものもあります。

なぜ、そうしたネガティブに思える信念を持っているかというと、犠牲になっても家族を守ることが愛だと信じられてきた時代が長かったからです。

たとえば、過去の歴史をたどれば、戦争や食糧難など、さまざまな苦労がありました。また、苦労するからこそ一人前になれる、我慢するからこそ認められるという価値観が主流の時代もありました。

その時代には、その価値観が必要だったからです。

しかし、今なおその信念が家系にあると、両親のどちらかが自己犠牲になりがちで、それを見た子どももそれを受け継ぎ、さらにその子どももそれを受け継ぎ……というように、時代が変わってその価値観が合わなくなっていても、その信念を持ち続けてしまうことになります。

潜在意識の信念の糸は、遺伝的に引き継がれてしまうのです。

受講生に、「本音を言うと相手を傷つける」という信念を持っている20代の女性がいました。

彼女は甲状腺の病気を患《わずら》っていて、臓器と対話をしたいと、私のところで学びはじめたのですが、母親も言いたいことが言えない人で、高圧的な父親に黙って従う人生でした。

そこで、彼女が潜在意識をアップデートして、思い込みやそこから派生する感情を癒やすことに専念すると、甲状腺の病気も改善していったのです。

驚いたのはそれだけではありません。「ヒロミさん、聞いてください！　うちは、決まった時間にご飯を出さないと父が不機嫌になるのですが、これまで父に逆らったことがない母が、『疲れちゃったから食事の時間を遅くしていい？』と父に聞いたんですよ！」と興奮気味に報告してくれました。

他人が聞いたら小さなことかもしれませんが、本音を言えなかった人が言えた、というのはすごいことです。

「言える」とは「癒える」ことでもあるのです。

潜在意識をアップデートして、家系を癒やし未来を創造する

自分のことはあと回しにしてでも子どもの幸せを願う、自分のことよりもみんなの役に立ちたい、というのは美徳のひとつです。これは苦労や我慢を重ねたほうが幸せになれると、ご先祖様が信じたからですね。

自分を犠牲にしてまでも、家族の幸せを願ってきたご先祖様の願いは、今を生きるあなたにまで続いています。

けれども、今は昔のようにさまざまな犠牲を払わなくても、豊かに生きていける時代になりました。

綿々と続いた自己犠牲の潜在意識を、アップデートしていきましょう。

あなたの潜在意識をアップデートすると、ＤＮＡでつながっている家族内の潜在意

識にも変化が起こりはじめます。

あなたの思い込みがたったひとつでも癒やされると、子どもたちの未来が変わります。お子さんがいらっしゃらない方も、人類の集合意識に働きかけることになりますから、未来の子どもたちへ波及していきます。

時代が先にあるわけではなく、私たちの意識が時代をつくっているのです。

私もあなたも、みんな幸せになっていい。

自分以外の人の幸せを思うなら、まずは自分が幸せになりましょう。

あなたの笑顔こそが、自己犠牲の上で生きてきたご先祖様の癒やしにつながります。

ですから、自分に対して、幸せになっていいと、許可をおろしましょう。

「私たちがどのような未来を信じるのか？」という意識が未来をつくります。

一人ひとりの深度によって、集合意識が変わる

5〜10年前に比べて、好きなことを仕事にしてみたり、興味あることをユーチューブで発信してみたり、住みたい場所に移住してみたりと、人間の感覚が重視されてきたと思いませんか？

これは社会や誰かの価値観で生きていた時代から、一人ひとりが自分の内側に意識を向けて、自分の本音に気づき、自分の心地よさや自分なりの正解を感じ取り、実践できる人たちが増えてきた証拠です。

人生や社会は自動的に流れているのではなく、私たちの集合意識で主導して創造することができる、ということです。

私たちの潜在意識には、さかのぼると縄文と言われる古代日本人の時代から守られ

てきた信念までもが眠っていますが、私たちの意識がたったひとつ変わるだけで、今の、そして未来の集合意識に、次々と影響を与えることができるのです。

これは、芋掘りにちょっと似ています（笑）。

土を掘っていくとお芋が1つ、ひょこっと顔を出します。もう少し深く掘っていくと次々とお芋が顔を出し、最後にスコンッ！　とたくさんのお芋が勢ぞろいして顔を出します。1つ目のお芋（個人の信念）が顔を出すと、さらに深くアプローチができる潜在意識（集合意識や先祖、縄文時代の信念など）がどんどん顔を出し、次々とアップデートが起こっていくのです。まさに芋づる式ですね（笑）。

今までの時代は、途中までしかお芋を掘ることができませんでした。

その理由は、これまでの時代の集合意識は、土の中にはお芋は1個だと思い込んでいたからです。深く掘ると、まさか2つも3つもお芋が出てくるなんて、想像もしていませんでした。

つまり、私たちの意識が到達できる周波数には、限界があったのです。

ところが、**今、この地球の集合意識はめきめきアップデートされ、私たちがアクセ**

スできる周波数帯もどんどん深く、周波数の高い領域まで届くようになっています。

つまり、1個のお芋しかないと信じていた世界から、「あれ？　もしかしたらもっと深く掘ったらまだあるかも？」といった、2つ目、3つ目のお芋と出会う新しい可能性が開かれているのです。

もっとすごいのは、集合意識がアップデートする中で、さらに深く、軽やかに深度を高めると、その先の周波数、つまり、神意識（愛）にアクセスする扉が開くビッグチャンスが到来していることです。

私たち一人ひとりがあと少しずつ深度と感度を高め、意識をアップデートすることで、集合意識が働きはじめます。

神意識（愛）から差し込んでいる木漏れ日が、降り注ぎはじめます。

この身体を持ちながら、神意識（愛）につながり直し、自分に、他者に、この地球に、その光を拡大させることができるすごい時代を、私たちは生きているのです。

第3章

身体と感情を通して「愛の観察者」になる

身体に意識を向けることで愛を呼び覚ます

ここまでお読みいただいて、潜在意識をアップデートすることで周波数が上がり、開運のスパイラルを駆けのぼっていけることをイメージできたでしょうか。

口絵の図を見てもわかるように、深度と感度を高めると、同時に運の周波数も上がり、その先の神意識（愛）へとつながっていきます。

自分の喜びを生きながら、他者の喜びに貢献できる究極の開運状態です。

忘れてならないのは、それらは身体という臓器を通して得る感覚だということです。

この章では、臓器に愛を向けるということは、どのようなことか、それをさまざまな角度から紹介していきます。

臓器との対話は、自分との対話です。

自分と対話することで、どこまでも自分とつながり、周波数を上げていくことができます。この状態はまさに「運を使いこなす」という段階ですね。

各臓器に意識を向けて、自分とつながっていきましょう！

臓器には、あなたを愛し続けてくれたご先祖様たちの愛の記憶が刻まれています。その愛の記憶と、自分を愛《め》でる愛の周波数が出会うことで、身体中で愛の共振共鳴が起こります。このとき、周波数はまさにスピードを上げて拡大していきます。

臓器と対話をし、自分を愛でることは、自然界、地球をも愛でること。さらには、銀河・宇宙をも愛でることです。

周波数が拡大すればするほど、すべてと調和していきます。宇宙の根源の周波数（神意識）と調和して大調和（それぞれの個性を最大限に活かしながら調和する状態）が起こるのです。

気にかけること、それが愛

ドアをそっと静かに閉める。

たったそれだけの瞬間すら、私には手の指、手のひら、手の骨、手や腕の筋肉たちから、嬉しそうな鼻歌が聞こえて、微笑ましくなります。

人が丁寧な所作をするとき、意識は身体に集中しています。

それは臓器たちにとって、自分たちの働きを気にかけてもらえる最高の時間なのです。

丁寧な所作というのは、臓器たちにとっては腕の見せどころであり、またあなたから注がれた「意識」という愛を、スポンジのように吸収しているときでもあるのです。

一般的に運がいいと言われている人は、所作が丁寧だというデータもあるほどです。

身体に意識を集中して、ゆっくりと味わい感じられる人は、自分とつながり、自分へ無条件の愛の周波数を注いでいる人です。自分とつながっている人は、宇宙と直結している状態でもあります。

私が以前、講演会でご一緒させていただいた書道家の武田双雲さんは、お風呂上がりはタオルを感じながら身体を拭き、ドライヤーも丁寧にかけるなど、日々の所作を丁寧に実践していらっしゃいます。日々を丁寧に生きる時間が、すべて書につながると考えているのです。

丁寧な所作というのは、意識を向けて気にかけるということであり、それは愛を向けるということなのです。

子どもの頃を思い出してもらうとよくわかります。

私が、多くの人の潜在意識にアクセスして本音を聞いていくと、子どもの頃にしてほしかったのは、おもちゃやお金をもらうことではなく、ただ、親に気にかけてもらいたかったという思いがあふれています。

おもちゃを買ってもらえなかったという、悲しい思い出が残っている人もいるでしょう。でも、普段からたくさん親に気にかけてもらえていたら、そこまで悲しい出来事になっていなかったかもしれません。

潜在意識では、気にかけることが愛です。

コップを丁寧に置く、身体を丁寧に洗う、靴をゆっくりと履く、足の指を丁寧に動かしてみる……など思いついたことからはじめてみましょう。

臓器が喜ぶ、画期的な方法です。

寄り添うことは、無条件の愛

私は小学1年生のとき、全身に大やけどを負いました。目と鼻と口以外は包帯で覆うほどの重症でした。

退院して、包帯が取れたあと、鏡に映る自分の顔を見たときの第一声は、「この人は誰？」でした。皮膚の色が黒く変色した自分の顔を見ながら、女性としての人生は終わった……と思ったことを今でも覚えています。

ところが、奇跡的に私の皮膚は回復したのです。

この一件から、私は何があっても自分の皮膚に感謝して生きようと誓いました。

包帯が取れて、学校に通いはじめた頃、通学路で出会う大人たちが私のことを遠目に見ながら、ヒソヒソ話しているのを感じていました。きっと、不憫《ふびん》な子と映っていたのでしょう。学校の男の子たちも私の顔を見て一瞬息をのみ、「わー」と走り去っていきます。

こういう場面に出くわすと胸がチクンとしましたが、私はこのやけどの体験のおかげで、目には見えない壮大な生命の働きを知ることができました。ボロボロになった皮膚であっても、さまざまな臓器たちが補い、助け合ってくれているおかげで自分は生かされていることがわかり、命への感謝しかなかったのです。

大人になってからも皮膚は極度に弱いままで、肌に合うお化粧品を探して、どれだけお金を費やしたかわかりません。それでも私は、皮膚に不満を向けることなく、ただただ愛おしい気持ちで寄り添ってきました。

今思うと、皮膚をなんとかして治そうとはせず、ただ寄り添っていたのでした。

治そうとする意識は、変えようとする意識と同じで、自己否定につながります。一方で、ただ寄り添う意識は、受け入れて愛でること。自分に無条件の愛を注ぐことになります。

身体は、持ち主さんからの寄り添いで、調和していくのです。

身体は、どんなときもあなたの味方

私は、臓器との対話を通して潜在意識だけではなく、感情に丁寧に寄り添うこともお伝えしています。細胞には記憶力があるので、臓器たちから「この感情を癒やしてね」というメッセージを受け取るからです。

私がクライアントさんの臓器と対話をしていると、**持ち主さんの嬉しい、悲しい、悔しかったという感情と、その具体的な場面など、生まれたときからの出来事をパーフェクトに記憶していることがわかります。**

人前で元気なそぶりを見せていても、家に帰って1人になったら泣いている、そんな姿も知っていますし、人前でおちゃらけていても、誰も見ていないところでコツコツ努力をしている、そんな姿も知っています。

身体は、持ち主さんがどれだけ頑張ってきたかを知っているので、私が臓器と対話をすると、持ち主さんがとても頑張ってきたこと、そして、それがどれほど素晴らしいことかを、誇らしげに私に自慢してくれます（笑）。

かわいい臓器たちの自慢大会がはじまると、私は微笑ましくて、思わず顔がゆるんでしまいます。

もちろん頑張り過ぎているときは、臓器たちは微調整をしながら、心地よいポイントに戻そうとしてくれています。しかし、持ち主さんが、どんなに自分たちを酷使していても、こき使っていたとしても（笑）、私は、臓器たちが文句を言っているのを聞いたことがありません。

十分自慢したあとに、ボソッと「頑張りすぎているから、休んでねってサインを出しているんだけど、聞いてくれないんだよね（グスン）」といった、愛のある愚痴を言うことはありますが（笑）。

このような圧倒的な臓器の愛に出会うと、私は毎回キュンとするのです。

臓器たちは、どんなあなたでも絶対大丈夫だよ〜、とあなたのことを信じてくれて

います。

身体は「ごめんね」より「ありがとう」の言葉を待っている

身体を酷使し過ぎて体調不良になったときは、身体に「ごめんなさい」と謝るよりは「ここまで頑張ったね。ありがとう」と褒めてあげましょう。

身体に「ありがとう」という言葉がけをするだけで、身体の周波数は上がります。

今まで、臓器たちからのメッセージを「未読スルー」だった人ほど（笑）、謝りたくなる気持ちはよくわかりますが、臓器との関係は人間関係と一緒です。

頑張ってきた人は、謝られるよりも褒めてもらうほうが嬉しいですよね。

臓器たちも、持ち主さんの身体をなんとかしようと、これまで精一杯サポートしてきたので、褒めてもらいたいのです。

これまで褒めてもらえなかった悲しい感情は、「ありがとう」という周波数を伝えることで、癒やされ美しい色に変化していきます。

臓器たちに「頑張ったね。ありがとう」と声をかけることで、子どもの頃に褒めてもらえなかった、認めてもらえなかった未消化の感情も、同時に癒やしていくことができるのです。

自分に寄り添い、すべてを受け入れてくれている臓器が、あなたと共にいます。そんな臓器のメッセージにぜひ耳を傾けて、対話してみてください。

自分の最大の味方である臓器と対話をしていくと、一生懸命に頑張ってきた自分を肯定していくことにつながります。

あなたは、あなたのままで大丈夫。

自分とつながって、どんどん軽やかになっていきましょう。

許しの瞬間、身体の力は抜けて臓器からカラフルな光が弾け飛ぶ

以前、子どもの頃から母親に暴力を振るわれ続けてきて、絶対に母親を許せないというクライアントさんがいました。

でも、なぜそこまで許せないのか、ということにフォーカスしていくうちに、彼女自身が、本当はそれだけ親密に母親と関わり合いたい、わかり合いたいという愛が自分の中にあることに気づき、その瞬間、許せない思いがとけたのです。

彼女を観察していた私は、そのとき彼女の身体からカラフルな光を輝かせた細かな粒子が、まるで花火のように弾け飛ぶのが見えました。

私にはどの人の身体も美しい宇宙に見えていますが、その中でも「許しの瞬間」は、細胞が美しく躍動します。

彼女の身体からは美しい音、美しい色が放たれ、骨や輪郭が宇宙にとけて宇宙空間に広がっていったのです。

それは、私たちが目で認識できる色を超えた色で、まるで銀河を見ているような美しさでした。

人は、どうでもいい人を許せないと思うことはありません。

たとえば、道路で人とぶつかって、「この人、許せない！」と思ったとします。でも、その気持ちはせいぜい数日で消えますよね？　数年経ってもなお「あのとき、あの道路でぶつかった人を、私は許せないんです！」と、私に相談に来る人はいませんから（笑）。

それは、関係性がないからです。関係性が近くなればなるほど、許せなくなる傾向にあるのです。

誰かを許すとは、自分を許すこと。

それは、愛せないと思っていた自分を、許すことです。

よく、臓器たちはボソッとこうつぶやきます。

「本当は大好きなのにね」

私は、臓器たちのこうした声をいく度となく聞いています。

許せない人ほど関わり合いたかった人です。わかり合いたかった人です。この愛に気づくことで、周波数はどんどん上がっていきます。

このように愛を認めると、どこかで負ける気がしてしまうという人もいるかもしれません。けれども、それほどまでに圧倒的な愛が自分の中に眠っていることを認識してください。愛はパワフルで、美しいのです。

身体がゆるんでいる人は、運の周波数が高い人

周波数が高い人は、身体がゆるんでリラックスしています。そういう人は心にゆとりがあり、意識も内側に向いています。

では、身体をゆるめれば意識もゆるむのかというと、ちょっと違います。

実は順番があって、必ず意識が先。意識がゆるむことで、身体もゆるみます。

もちろん、物理的に身体をほぐしてゆるませることもできますが、その持続力を握っているのは潜在意識。身体だけをゆるませても、潜在意識が微調整されていなければ、すぐに元に戻ってしまいます。

たとえば、山のように仕事を抱えて心に余裕のない状態のとき、整体などで身体をほぐしてもらっても、翌日にはまた身体が硬くなってしまったという経験がある人も

いると思います。意識は緊張したままなので、ちゃんとリラックスできていないのです。

不安感が増えると無意識に身体は緊張し、安心感が増えると身体はゆるみます。

ではどうすればいいのかと言うと、とっても簡単。

もっともシンプル簡単な方法は、「まぁ、いっか」とつぶやくことです。

意識がゆるむのは、「○○してもいいし、しなくてもいい」というフラットな状態のとき。

「○○しなければ」と自分を追いつめるのではなく、やってもやらなくても大丈夫、なんとかなる、と考えてみることが大事なのです。

嘘でもいいから、「まぁ、いっか」を口癖にしてみましょう。

たとえば、「抽選で絶対1等を当てたい！」と思うより、「当たらなくても、まぁ、いっか」とつぶやいて、「当たっても、当たらなくてもどっちでもいいや」と思えると、見事に当たったりします。

じゃんけんで勝ちたいときも、「絶対勝ちたい！」ではなく、「負けても、まぁ、いっか」とつぶやいて、意識が「勝っても、負けてもどっちでもいい」になると、勝てたりします。

頑張らなければいけないと力が入っているなら「頑張れなくても、まぁ、いっか」、体調不良を絶対治したいと思っているなら「治らなくても、まぁ、いっか」……。

こんなふうに、「どっちでもいい」という「フラット意識」になると、不思議と望んでいたことが叶ったりするのです。

「どっちでもいい」という中庸な状態は調和が取れているので、周波数は高く、運を使いこなせる状態と言えます。

気づかぬうちに陥ってしまう、自己否定の罠

私が以前、海外で潜在意識について学んだことは、とてもシンプル。ネガティブな思考はポジティブな思考へ変えていきましょう、という0か100かの考え方でした。

帰国した当初、私はこの西欧の学びをもとに個人セッションをしていました。ネガティブをポジティブに変えていくことで、人生が変化する人をたくさん見てきましたが、数年して、気づいたことがあります。

それは、多くの人が途中で苦しくなってしまうことでした。

これはどういうことだろう？　と私は来る日も来る日も、クライアントさんの潜在意識と向き合いました。すると、確信できることが見えてきたのです。

それは、誰もが本当は「そのままでいい」と言ってほしいということ。

人から好かれるために、社会で受け入れられるために、世の中の誰かのために自分を変えなければならないと思っていても、本音は、今のままの自分を受け入れてもらいたい、愛してもらいたい、と思っていることがわかったのです。

潜在意識から見ると、「自分を変えなければいけない」と思っていること自体が自己否定になります。

「自分が変わることで愛される」という方法は、マイナスからのスタートになるので、なかなか前に進めなくなってしまうのです。

自己否定の周波数と、自分を肯定する周波数は、まったく違うものです。

0か100かといった西欧式の考え方が得意な人もいると思いますが、日本人は微細な感情表現ができる繊細さを持っている民族です。西欧とは違った思い込みや、調和、謙虚さなど、日本人特有の集合意識の働きもあります。

さらに、頑張り屋さんや完璧主義な人ほど、「自分を愛そう」「自分を満たそう」と思うたびに、気がつくと、「自分を愛さねばならない」「自分を満たさねばならない」と無意識に自分を縛る定義を増やし、周波数を下げてしまっていることもあります。
そういう人の臓器からは、「頑張ることは素敵だけど、もう少し肩の力を抜いて〜」という優しい声が、私には聞こえてくるのです。

あらゆる感情があっていい！

周波数が高い状態とは、「調和が取れている状態」です。

ポジティブ思考の人や「いい人」と言われる人が、必ずしも周波数が高いわけではありません。むしろ、そういう人は、自分の中にあるネガティブな感情やマイナス思考を見ないふりすることで、周波数が不調和を起こしていることもあります。
あらゆる感情があっていいと、自分に許していくことが大切です。

「今自分のことを愛せていない」と思ったら、「自分を愛せないことに気づけた私って、かわいい♡」と思ってみてください。

そして続けて「愛せない私も、どんな私もかわいい♡」と愛《め》で尽くしてあげてください。

少し身体がゆるんできませんか？

「愛で尽くし作戦」をやってみて、クスッと笑えたり、身体の体温が少しでも上がった気がしたら、その瞬間がアップデート完了のサインです。

どんな自分もかわいい♡　自分自身を愛でいっぱいにしてあげてくださいね。

細胞の記憶力を使って、思い通りの現実をつくる

願いを叶えたいときや大きな選択をするときなど、最高最善な現実を迎えるためにも、高いレベルの周波数を使いこなせたら、いちばんいいですよね。

そのためにも、身体を十分にリラックスさせてから、自分はどうしたいか、どれがいいか、どっちに行きたいかを選んでみるのがおすすめです。

意識がゆるむことで身体もゆるみますから、まず細胞に記憶された高い周波数である安心感やリラックスした状態を、思い出してみてください。

いちばん高い周波数（神意識）を内側につくってしまうのです。

たとえば、恋人がほしい人は、過去に恋人と一緒にいた幸せな感覚を思い出し、新たな恋人と一緒にいるビジョンをイメージしてみてください。

過去にいい思い出がないという場合は、たとえば、ワンちゃんやネコちゃん（ぬいぐるみでもＯＫ！）に触れて「かわいい〜、ふわふわ〜♡」といった心地いい感覚を思い出し、安心した状態をつくってから、恋人と一緒にいるビジョンをイメージしてみましょう。

本当に望む現実は、安心感で満たされた状態から創造されるからです。

よく、愛の状態が望む現実をつくると言いますが、愛は絶対的な安心感とほぼ同じ周波数です。でも愛の状態がわからない人も多いので、私はまず安心感をつくることをおすすめしています。

結局のところ、お金がほしいとか恋人がほしいとか、成功したいと願うその理由は、安心感を得たいから。

つまり、「叶っている体感」ではなく、「得た先の安心感」をまず先に感じることが大事になってくるのです。

難しそうに聞こえますか？　でも細胞はすべてを記憶しているので、誰でも「再インストール」ができるんですよ。

温泉に入ってボーッとしているときだったり、家のソファに寝っころがってドラマを見て笑っているときだったり、ふかふかのお布団の中に入って、ぬくぬくしているときだったり……。

心地よ〜くリラックスしている状態を感じてみてください。

その状態を思い出すだけで大丈夫。

身体というのは、体験したことは再インストールできる、まさにスーパーコンピュータ。このように高い周波数をぜひ使いこなしてくださいね。

身体は未来を知っている

思考ばかりが発達すると、感じる力や感覚、感性が鈍ってしまいます。「ああすればよかった」「こうなったら、どうしよう」と、過去や未来のことで頭がいっぱいになりますが、身体は常に「今ここ」にあります。

身体が今ここにあるということは、今ここで、過去にも未来にも行けるということ。

なぜなら、**今ここに、私たちが「過去」だと信じていることも、まだ起きていないと信じている「未来」も同時に存在しているからです。**

ですから、身体の感覚に従うということはとっても大事で、思考で考えた「正解」よりも、ずっと正確な場合もあります。

それを体感できるゲームがあるのでご紹介しますね。

レストランで食事をする際、メニューを1秒で決めるゲーム、名づけて「1秒ルール」。

なぜ1秒かと言うと、「考えない」ためです。1秒以上あると、人は「カロリーが高いな～」とか「予算オーバーだな～」などあれこれ考えてしまいますよね（笑）。

1秒ですから、きっとメニューの文字もハッキリ読み取れないでしょう。

それでも、「これ」とメニューを指さしてみてください。

指さしたものが、サイドメニューの小皿のサラダだったとしても、それが身体からのメッセージだと思ってみてください。

お腹が空いていたなら「選び直したい！」と思うかもしれませんが、もしかすると、そのあとに「小皿にしておいて正解」とわかることが起きるかもしれませんよ。

たとえば、その日の夜、ディナーに誘われてコース料理を御馳走してもらえることになったり、友だちと焼肉食べ放題に行くことになったり（笑）。そのときはきっと、ランチを小皿のサラダにしておいてよかったと思うでしょう。

このように、思考を止めて、感覚にすべてを委ねていくと、それは未来につながる

出来事であり、すべては伏線があって物事は進んでいるということがわかります。理由なき感覚を使いこなすことは、周波数を上げることであり、運を使いこなすことでもあるのです。

私もレストランでメニューを選ぶときや、スーパーで食材を選ぶときなど、日常でこの「1秒ルール」を実践しています。身体の一部である指や手がそれを選んだのであれば、「今選ぶべきもの」だとして、私は身体を信じているのです。

面白いことが起こるときもあれば、起こらないときもありますが、選んだメニューや食材が未来につながる確率が増えてくるにつれ、自分の直感に自信がついてきます。最初は「たまたま」だと思っても、そのうち「私には直感がある」と思えるようになってくるのです。

この実験は、身体を通して自分の能力を開発するプロセスとも言えますね。楽しみながら身体の反応に従っていきましょう。

感情を自分のものにすると愛になる

ここまで、身体に意識を向けることで、運の周波数を上げていく方法をお伝えしてきましたが、感情も忘れてはいけません。

感情を自分のものにする、ということも大切です。

つまり、湧きあがる感情を「ない」ことにしない、ということです。

なぜそれが大切かと言うと、潜在意識と感情はセットだからです。

感情を癒やすことで潜在意識がアップデートされて深度が高まり、感情を感じることで感度も高まります。

感情を自分のものにすることは、開運に直接つながるのです。

潜在意識のアップデートがうまく進まないと感じたら、感情を癒やすことからはじめてください。

そのためにも、まず自分から湧きあがるすべての感情を「ある」と認めることからはじめましょう。

特に怒り、悲しみ、寂しさ、憎しみなどのネガティブな感情に対して、私たちは「悪いもの」「あってはならないもの」と潜在意識で思っているので、無意識に「見ないようにしよう」「排除しよう」としてしまいます。

本当は怒っているのに「怒っても仕方がない」とか、本当は悲しいのに「悲しんでいる場合じゃない」など、考えちゃダメ、感じちゃダメ、と感情を見ないようにしているのです。

そういう人は、感情の交通渋滞を起こしているので、交通整理をしてあげましょう。

怒っているときは、「今、怒ってるね～」、悲しいときは「今、悲しいね～」と、その感情が「ある」ことを認めてあげましょう。

ネガティブな感情もあっていいんだ、とわかることが、感情を受け入れていくことにつながります。

　そして、自分の感情を受け入れて自分を許した分、人の感情にも寄り添うことができるようになります。

　下図を見てください。

　これは感情の波形を表したものですが、**波長が短いと周波数が高く、波長が長いと周波数は低くなります。**

　波長が短いギザギザの波は何を表しているかと言うと、すべての感情（波長）を含んでいるということ。

　つまり、怒り、悲しみ、憎しみ、

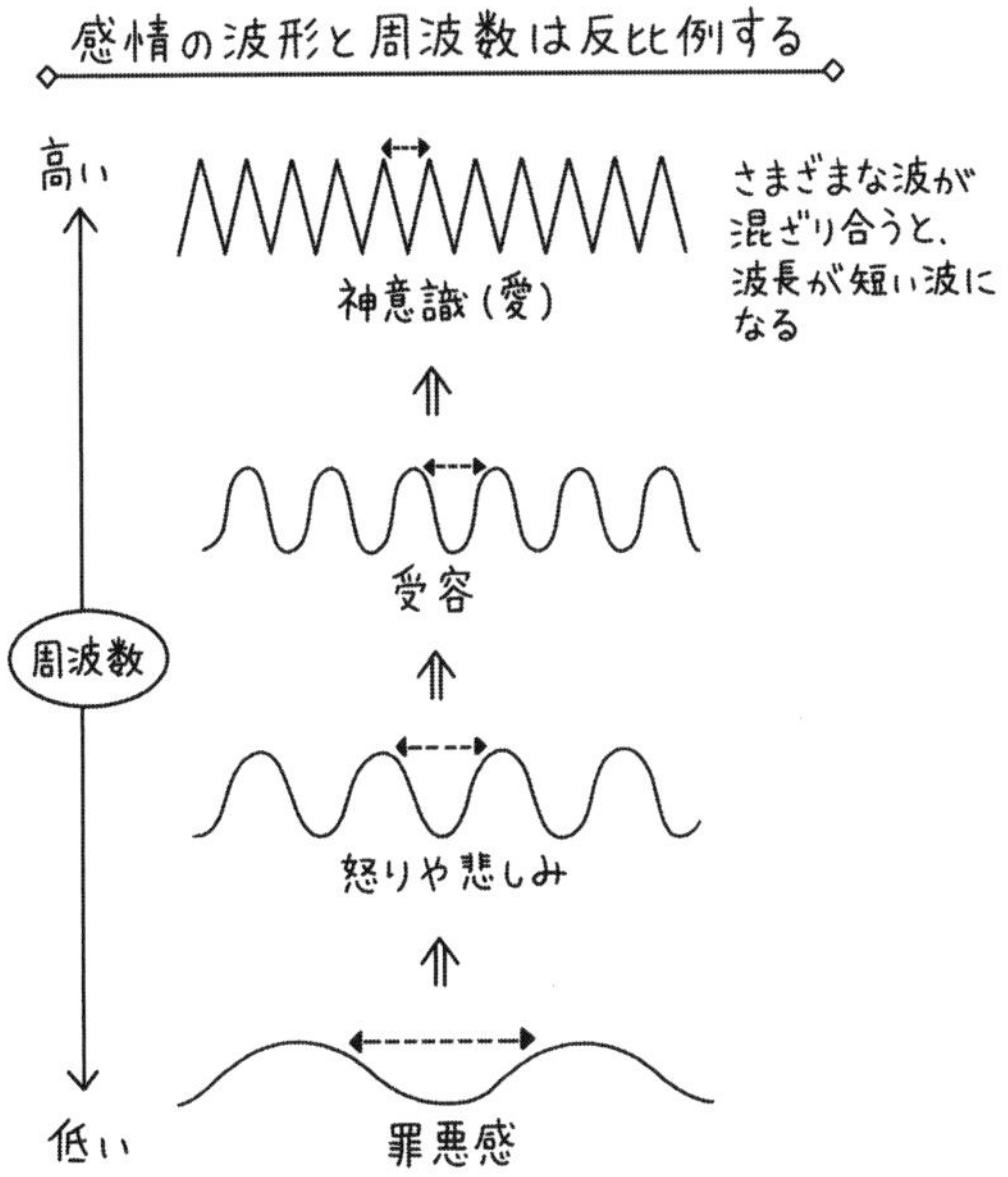

怖さ、嫉妬、罪悪感、恥ずかしさ、焦り、喜び、嬉しさ、幸福感など、すべての感情を受け入れて自分のものにすることで、波長が短い愛の周波数に近づきます。

決して、ポジティブな感情だけで愛の周波数がつくられているのではなく、あらゆる感情を受け入れて、とけ合ったものが愛なのです。これが神意識（愛）の状態です。

こうしてあらゆる感情を受け入れていくと、自分本来の光があふれるようになり、自分だけの幸せから、みんなの幸せへと光を広げていけるようになるのです。

私は、キリストやブッダなどはこの周波数帯だったのではないかと感じます。すべての感情を受け入れている状態だから、あらゆる人に寄り添えたのではないでしょうか。

感情を自分のものにした人たちから、お互いを思いやる世界が生まれてくるのです。

高い視座を持って人に寄り添える、「愛の観察者」になる

人の相談に乗っていて、ぐったり疲れてしまったという経験はありませんか？

カウンセリングなどでもよく誤解されているのが、相手の気持ちに寄り添うという手法です。

「寄り添う」ということが、「相手と同じ気持ちになること」だと思っていると、相談する側とされる側がいつの間にか同じ周波数帯となってしまい、問題が解決しないばかりか、2人とも疲弊《ひへい》してしまう……ということになってしまいます。

高い周波数は、低い周波数を引き上げる特性があるので、相談に乗る側が高い周波数帯、つまり愛の周波数帯にいることが大事なんですね。

愛の周波数は、すべての感情を自分のものにした人が放つことができます。

周波数が低いと狭い意識で相手を見てしまい、また相手の感情に自分も揺さぶられますが、愛の周波数になれば、起きている出来事を高い視座、愛の視座から観察できるようになるので、自分自身が寄り添っても疲弊することはありません。

過去に自分が体験した悲しみを通して、「そういうこともあるよね」と相手の横に立ってあげられることが寄り添うということ。

あなた自身が、相手の悲しみを自分のものにしているので、同化も同情もせずに、愛の視座から寄り添ってあげられるのです。

私はこのような愛の周波数を持っている人を「愛の観察者」と呼んでいます。

高い視座で愛の観察者になれる人は、相手の周波数を引き上げるだけではなく、問題すら問題でなくなる道へと導くことができます。

感情を感じ切る方法

「感情を自分のものにしましょう」「感情を受け入れましょう」と言われたとき、頭で理解することはできても、なかなか実感できないものです。

そこで私がおすすめするのは、身体の体感を通じておこなう「感情を感じ切る方法」です。

たとえば、小学生のときに仲間外れにされて「友だちも先生も誰も助けてくれなかった」という悲しみが残っている場合、思考を使わずに身体の感覚を感じていきます。もしかしたら、おなかの底から怒りが湧いてきたり、胸が苦しくなるような悲しみが押し寄せてきたりするかもしれません。

ムカついたなら「ムカつく～！」、悲しいなら「悲しい～」と、感情が動くところ

に意識をフォーカスしてみます。

そして、身体の感覚を感じてみてください。身体に手を添えると、感情の昇華を進める手助けになります。

感情を体感できるのは、実は10秒くらいです。

たとえば、心ないことを言われてものすごく腹が立ったとしても、1日中、体感を通して怒り続けるのは難しいものです。もし、「腹が立つ!」とずっと怒っているとしたら、それは思考が怒っています。

感情を感じ切るときには、思考をいったん脇に置いて、身体に意識を向けてみましょう。感情に意識を向けるのではなく、身体に意識を向けてみます。

悲しくて涙が出るなら泣き止むまで、寂しくて心がキューーッとするなら、その感覚が薄れるまで感じ切ってください。

悲しいよね、寂しいよね、という思考は戻ってくるかもしれませんが、身体で感じ切っていくと、「悲しいと思ったけど、あれ？　もう涙は出ない」「寂しいけど、胸が締めつけられる感覚はない」など、以前より感情が癒えている自分に気づけるでしょう。

感情を感じ切ったかどうかは、肩の力が抜けてホッとできたり、なぜか涙が出たり、穏やかな気持ちになったり、呼吸が深くなったりと、身体が反応として教えてくれます。自分なりの感覚があれば、それをサインにしてくださいね。

癒やされていない大きな感情に気づいたら、焦らず、丁寧に、くり返し感情に寄り添いましょう。そうすることで、思考と体感は切り離せることがわかってきます。

思考と体感は別物、ということを知っておくだけでもずいぶん楽になりますよ。

頑張り屋さんは、「よし、感じ切るぞ！」と張り切りがちですが、気合を入れなくて大丈夫（笑）。感情をなくそうとすればするほど「なくさなければならない」と執着してしまうものです。

無理に思い出さなくても、すべてを記憶している身体はどこから癒やしたらいいかを知っています。

「今なら癒やせるよ」というときに、ちゃんと感情を思い出させてくれますよ。

身体は持ち主さんを愛しているので、乗り超えられないものは思い出させないようにしてくれています。身体を信じて、身体と共に感情を癒やしていけば大丈夫。

こうして、悲しみや苦しみといったつらい記憶の周波数を感じ切っていくと、感情が癒えて昇華され、愛の周波数になっていきます。

愛の観察者を決めて周波数を上げる方法

「感情を感じ切る」という感覚がわからない人は、何かキャラクターを設定するという方法もあります。

自分が素敵だなと思っている人やキャラクターを1人決めて、その人に「愛の観察者」になってもらいます。

まずは自分のために、優しく包容力のある人（キャラクター）を愛の観察者として設定してみましょう。

アイドルでも俳優でもＯＫです。たとえば、高倉健とか、加山雄三とか……（誰かわからない？　そう思ったあなた、若いですね・笑)。

愛の観察者を決めたら、たとえばあなたが悲しいときに、その人に「悲しいんだね～」と観察してもらいます。

すると、愛の観察者のほうが周波数は高いので、あなたの周波数を引き上げてもらうことができるのです。

ただし、この方法は悲しみや怒りにまみれている状態、感情にのみ込まれている最中は難しいので、感情が少し落ち着いてから試してみてくださいね。

暗闇の中に光がある

「せっかくポジティブに物事を考えられるようになったと思ったのに、まだまだネガティブ思考に陥ることがあるんです……」と落ち込む人がいますが、それは普通です(笑)。

むしろ、感情を微細にキャッチできている自分を褒めてあげてください。

人間がこんなにもネガティブを排除するようになったのは、最近のこと。ポジティブ信仰があまりにも強まり過ぎたため、嘘をついてでも外側に幸せだと見せなければいけない、周りの期待に応えなければいけないなど「こうでなければならない」といったことに意識がフォーカスし過ぎているのです。

気分が沈み暗闇の中にいるときは、これから先、光が増えていく前兆です。

この世界はバランスが大切ですから、意識のフォーカス先を変えていきましょう。

ポジティブシンキングやアファメーションなど、やればやるほど苦しくなったり、途中で挫折してしまう人が多いのは、当たり前のことです。人間が進化していくためには、いいことばかり思い続けてはいられないようにできているのです。

自分の中から湧き出るネガティブ感情も、優しく受け入れていきましょう。

ネガティブな感情の中に光を認識する目が持てたら、運の周波数が一気に上がります。


暗闇から光に反転する際の気づきは、潜在意識を一気にアップデートしてくれる、最高の宝物です。


気分が落ち込むことがあっても、なくても、まあ、いっか（笑）。

それくらいのフラットさでいきましょう。

嫌な体験は「ありがとう」になる

「あのとき苦しい思いをしたからこそ、今がある」「あのつらい経験が、人生を変えてくれた」というような話はよく耳にしますよね。

実は、このような経験こそが、もっとも潜在意識をアップデートします。

ある女性の話です。彼女は、育休明けに上司からパワハラを受けるようになりました。悩んだ末に会社を辞めたものの、乳児を抱えているので転職もできず、思い切って独立をしたそうです。

当初は、上司のせいでこんな状況に追い込まれたと恨み節でしたが、独立してみると、自分次第で時間のやりくりができるので、子どもとの時間も自由に取れるようになり、しかも、好きなことで生活できる幸せも感じることができたそうです。

望む現実を手に入れた彼女は、実は自分自身が心の奥深くで独立を望んでいたことに気づきました。それを現実にするために、上司がパワハラをしてくれたのかもしれない、と思ったそうです。現実を叶えるために悪者になってくれた上司に、心から感謝をしていると話してくれました。

このように、**嫌な記憶が反転して、感謝に変わるときは、周波数が飛躍的に上がるので振動幅も深くなり、潜在意識が大きくアップデートします。**

マイナスに思えていた出来事がプラスに反転して愛に変わる瞬間、この体験こそ魂が望んでいたものです。

よくスピリチュアルでは「自分の人生のシナリオは自分で描いて来ている」と言われますが、そうであれば、嫌な体験から生まれた思考や感情を愛《め》でてあげることが、シナリオの完成かもしれませんね。

すべての体験がどれも愛おしくなる瞬間を、この身体を通して味わうことができたら、誇らしく銀河に還れます。

ただし、どうしても感謝などできないときは、無理に思う必要はありません。

感情と向き合っていくことで、身体が最善のタイミングでサポートしてくれるはずですから、そのときを楽しみに待っていてくださいね。

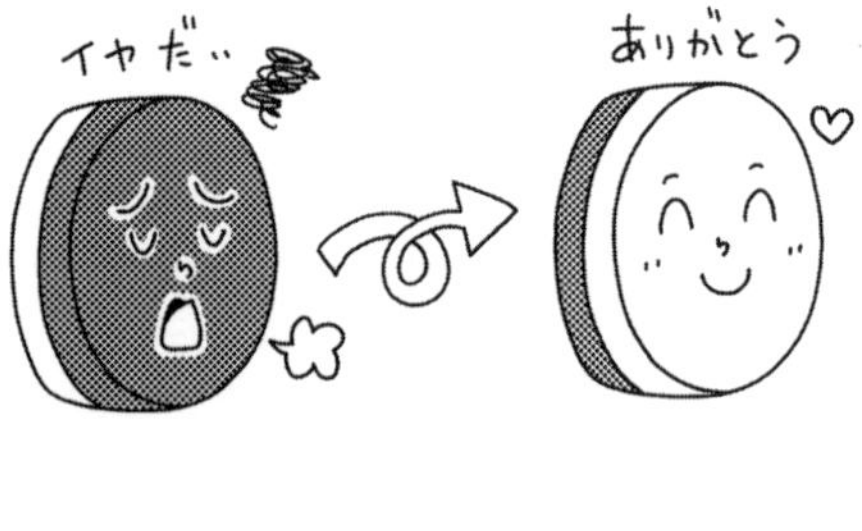

嫌いを好きにしなくていい

あなたは嫌いな人や苦手な人はいますか？

心の勉強をしてきた人ほど、人を嫌いになってはいけない、誰にでもいいところがあるはずと、一生懸命にいい面を探そうとしがちです。

嫌いにならないようにと、その人のいい面を見つけるのは素晴らしいことですが、いい面を見ようとしている時点で、その人のいい面、悪い面を判断していることになります。

あるがままを見る、という言葉をよく聞きますが、それは、その人のいい面だけを見ることではありません。

どんな面も、「それがただある」と観察することです。

でしかありません。

「嫌い」を「好き」に変える必要はなく、ただ「そういう人なんだね」という視点です。そもそも人はすべてを持っているので、現実は、その人のどの側面を見ているかでしかありません。

この「あるがままに見る視点」を持てるようになると、まさに愛の観察者となり、雲の上から見ているような感覚で、その場の調和を取れるようになります。

たとえば、子どもが言うことを聞かずにダダをこねているとき、親に余裕がないと、「なんで言うことを聞かないの?」とイライラするでしょう。

しかし、愛の観察者の視点で見ると、「本当は気にかけてもらいたいんだね」と、とらえられるようになります。

深度と感度が高まり、愛の観察者となって物事をとらえられるようになると、自然とその人のいい面が引き出されます。

わざわざいい面を見ようとしなくても、その人の愛の側面が引き出されるので、空間が変わるのです。

居心地がいい空間とは、同じ周波数を持った者同士の空間です。愛の観察者が集う高い周波数のコミュニティであったなら、問題など起こりようもありませんね。

この状態になると、相手の言葉だけでなく、背景にある物語や思い（本音）にも気づきやすくなるので、人間関係のストレスもなく、また物事が進むスピードも速くなります。

これがまさに、深度と感度が高まった状態。こうなれば、あらゆる面において調和の取れた世界を生きることができるようになります。

次章のワークで、深度と感度を高めて潜在意識をどんどんアップデートしていきましょう。気がつけば、自然と愛の観察者になっているはずです。

第4章

運の周波数を上げる！

《潜在意識をアップデートするワーク》

体感を通して深度と感度を高める

もし自分が携帯電話の本体だとしたら、アプリは才能や資質と言えます。そのアプリを十分に活かすためにもまず、インターネット回線につながることが大事。そのインターネット回線には、不安定なものもあれば、高速のものまでありますから、どんな回線につながるかも重要ですね。

運は周波数だとお伝えしてきましたが、このインターネット回線を運の周波数だととらえると、アプリが開かなくなったり、携帯がつながらなくなったりする周波数を使っているのか、それともスイスイ起動する周波数を使っているのか。

周波数の違いで、自分がやりたいことを実現するスピードが変わってくるのは、想像できるのではないでしょうか。

自分の才能や資質のアプリを使いこなして、あなたの魅力を最大限に発揮させて生きるために、あなたが持っている周波数をどんどん上げていってください。

深度と感度を高めて、潜在意識をアップデートしていってください。

潜在意識をアップデートするということは、携帯電話の本体をバージョンアップするようなもの。ですから、さらにスピードを上げてより豊かな創造が可能になるでしょう。

本章では、潜在意識をアップデートするためのワークを用意しました。

それぞれのワークをおこなう前に、必ず「心の準備体操」を読んでくださいね。この解説は、周波数がもっとも高い愛の状態に引き上げる役割を果たしています。愛を通してワークをおこなうことで、潜在意識がアップデートしやすくなるのです。

ワークはもっとも効果的な順番に並べてみましたので、最初は1番目から実践するのがおすすめ。2回目からは自分の感覚に従って、自由に好きなワークに取り組んでみてください。楽しみながら、進めてくださいね。

ワーク
1

臓器に深い愛を伝える

心の準備体操

あなたを支えて今ここに生かしてくれている臓器に、愛を伝えるワークからはじめてみましょう。臓器とは、心臓や胃などだけではなく、手や足、骨や皮膚や目など、身体を構成しているすべてのことです。

生まれた瞬間から今日まで、どんなときも、いちばん味方をしてくれるのはあなたの臓器たちです。不調が生じたときも、それぞれの臓器が全体で調和を取りながら、働き続けてくれています。

そんな、あなたをいつも応援してくれる臓器たちに思いを馳せながら、ぜひ感謝を伝えてみましょう。

声をかけていると、臓器たちに言葉の振動が伝わります。

このワークをペアでおこなってもらうことがよくありますが、相手にかけた言葉が自分の身体にも振動しているのを感じて感動した、という感想を必ずいただきます。

1人で声をかけるときも同じです。臓器たちにかける言葉は、自分が求めていた言葉であり、誰かにかけてあげたい言葉だということに気づくかもしれません。臓器に愛が伝わるとき、臓器の色はまるでレインボーのように美しく光を放って輝きます。

実は、私がクライアントさんとの関係の中で、もっとも大切にしていることの原点は、母が私に伝えてくれた「信じているよ」という言葉にあります。

私の母は、誰に対しても熱い思いで接する人でした。

若い頃の私は、母の愛情を少々「暑苦しい」と思っていたのですが（笑）、そんな母がよく言っていたのは「世界中ですべての人が敵になっても、お母さんだけはおまえの味方だから」という言葉。

その言葉は、子どもながらにハートに響くものがありました。

ある日、母とテレビを見ているとき、殺人事件のニュースが流れてきました。私はなぜか母に「もし私が人を殺したら、お母さんどうする？」と聞いたのです。

すると母は、「もしおまえが悪いことをしたのならば、相手に土下座して謝るだろう。でも、もしおまえが『私はやっていない』と言うならば、お母さんは最後までおまえの言葉を信じるよ」と言ってくれました。

私は母のその言葉から「私はどんなことになっても大丈夫。だって、お母さんは最後まで味方だから」という、絶対的な安心感を受け取りました。

母が旅立った今も、その言葉は私のお守りになっています。

どんなに苦しいことがあっても、「たった1人でも信じてくれる人がいれば、人は生きられる」という安心感が、私の今に至る原動力になっているように思うのです。

その後、たくさんのクライアントさんの潜在意識と向き合っていますが、みんなどんな言葉より、「信じているよ」という言葉をかけられることで、安心感が生まれるのがわかります。

同じように、身体も持ち主さんから「信じているよ」という言葉をかけられると、美しい色を放って、嬉しそうな音を聞かせてくれます。

「あなたを信じているよ」という言葉は、細胞まで届く愛の魔法の言葉なのです。

信じてもらえているという絶対的な安心感は、愛のパワーそのものです。

このワークでは、臓器に愛を伝えていきます。そのとき、臓器への愛おしさが増すので、名前をつけるのもおすすめです。

たとえば、くるぶしに「くるちゃん」、心臓に「ハートちゃん」など。

全部の名前は覚えられない、という人は、たとえば全臓器に「クッキー」と名づけて、「背中のクッキー」「肩のクッキー」などでもいいですね。

お風呂の時間や寝る前など、ゆっくりできるときに、臓器に声をかけてあげましょう。とてもシンプルですが、潜在意識の深くに思いを届けられます。

やってみよう！

一つひとつの臓器に意識を向けて、愛を伝えましょう。

顔全体、肩まわり、心臓、肺、おなか、腰、背中、太もも、膝、ふくらはぎ、くるぶし……など、その部分部分に声をかけていきます。

すべての臓器たちの名前や場所がわからなくても大丈夫。臓器たちは、意識を向けることでちゃんと応えてくれます。

中でも、くるぶしに意識を向けることは意外と大事です。一歩前に踏み出すときに使う臓器は「足」と言われているように、前に進むときに何か潜在的に躊躇《ちゅうちょ》していることがあると、くるぶしに現れやすいからです。

また、思考が働き過ぎて意識が頭に行きやすい人は、くるぶしを触ると意識が下に行くので、グラウンディング効果もあります。

愛を伝える言葉ですが、臓器によって「信じているよ」が響くこともあれば、「ありがとう」のほうが響くこともあるので、どちらの言葉もかけて響かせてみてください。

コツは、心（ハート）からその思いを乗せて言葉をかけること。

ただ単に「ありがとう」を1万回言うよりも、たった1回の体温が乗った「ありがとう」のほうが身体は喜びます。

(例)

「心臓ちゃん、信じているよ」

「肺さん、いつも呼吸をしてくれてありがとう。信じているよ」

「胃のクッキー、毎日食べ物を消化してくれて、ありがとう」

「くるちゃんのこと、信じてるよ。私の行きたい場所に連れていってくれてありがとう。大好き♡」

……など。

かける言葉にルールはありません。なんとなく温かい感覚になる、キュンとくる、そんな感覚があればちゃんと届いています。

これで臓器と両思いです。

おめでとうございます！

ワーク 2

感情に名前をつける

運の周波数を高めるために未消化の感情を昇華させましょう。

ネガティブな感情をなかなか受け入れられない、という人は、

心の準備体操

ワーク1で臓器に名前をつけたように、感情にも名前をつけるのがおすすめです。

私は、なかなか癒えない悲しみに「キャサリン」という名前をつけました（笑）。

悲しみが湧いてくるたびに、「キャサリン～、悲しいよ～」と言って、胸のあたりがキュッと苦しくなる感覚を感じ続けていると、いつの間にかスーッとその感覚が消えていきます。同時に、なんだかそんな感情がかわいくなってきて、悲しみが自然と癒えたあとは、穏やかな気持ちに変化していきました。

大好きなペットの名前でもかまいません。「まろん、もう大丈夫だよ～」「おもち、苦しかったね～」「さくらちゃん、拗《す》ねちゃってるんだね～」など。

愛おしい名前をつけて呼んでみると、自然と愛の観察者になって、温かく寄り添えますし、その気持ちを受け取った感情は本当に癒えていくのです。

やってみよう！

受け入れがたいネガティブな感情に名前をつけてみましょう。向き合うのに気が進まない感情ほど、ほっこりと、愛おしくなるようなかわいい名前をつけるのがポイント。もう1人の自分が見ているようなイメージで、感情を名前で呼んであげると、感情に対して愛おしさが増して、受け入れやすくなりますよ。

(例)

悲しみに「だんごちゃん」と名づける。

↓

悲しみが湧いたら「そうだよね、だんごちゃん、悲しかったよね。大丈夫だからね」と声をかける。悲しみを感じている部分に手を添えてあげるのもいいですね。

怒りに「しろっぷ」と名づける。

↓

怒りが湧いたら「しろっぷ、嫌だったね〜。わかるよ〜」と声をかける。そのときに感情があふれてきたら、しろっぷを優しい気持ちで愛でながら、感じていきます。

嫌な感情と向き合うことは、最初は苦しいかもしれませんが、慣れてくると愛の観察者となって、客観的に見ることができるようになります。

ネガティブ感情に愛おしさを感じたなら、すでにあなたの潜在意識はアップデートされています。

おめでとうございます！

ワーク3

昇華したい感情リストをつくる

意味もなくイライラするなどネガティブな感情に巻き込まれてしまうときは、同じような感情が残る過去の記憶を思い出しましょう。

心の準備体操

過去の記憶には、「感情の種」があるからです。

たとえば、今すごく腹が立って悲しいと思っていても、それは今起きた感情ではなく、過去に必ず似た周波数の悲しみがあります。

その感情が生まれたいちばん古い感情の種（出来事）にたどりつくことができると、その周波数に近い悲しみは、すべてアップデートされます。そして同じような出来事が起きても、その感情は生まれにくくなります。

今湧き出ている悲しみをなんとかしようとしても、「感情の種」がある限り、それはいつかまた発芽してしまうのです。

いちばん古い感情の種は、間違いなく子どもの頃に起きていますから、そこにたどりついてアップデートし昇華すると、その感情は生まれようがないのです。

ただし、「子どもの頃のあの悲しみを癒やさなきゃ」「1年前のあの悲しみを癒やさなきゃ」というふうに、悲しみを追う必要はありません。

たしかに、トラウマとなっている幼少期の感情を癒やすことは大切ですが、「あのときの感情を癒やさなければ」と思っていると、それがフォーカスされて、悲しみが逆に拡大してしまうからです。

ただ、臓器たちは、感情を癒やす順番をよく知っています。古い感情の種が思い出せないときには、無理をしなくて大丈夫。思い出せるところまでさかのぼって、思い出せたところからスタートしましょう。

たとえ未消化の悲しみが残っていても大丈夫です。

「感情の種をなくさなければいけない」とやっきになって取り組むよりも、やりたいなと思ったときにやってみる。それくらいの軽い気持ちでトライしていきましょう。

やってみよう！

嫌な感情が残っている過去の記憶を書き出してみましょう。

(例)
小学生の頃にいじめにあった
中学生のとき、みんなの前で怒られた
高校時代、仲がいい友だちができず修学旅行がつまらなかった
友人と喧嘩をして、それ以来連絡を取らなくなった
転職した会社で人間関係につまずいた
恋人に浮気をされた
上司にひどく怒られた
……など。

潜在意識の奥深くにあって、なかなか思い出せない人は、今思い出せる範囲で書き出せばOKです。

書き出したら、143ページの「感情を感じ切る方法」か、146ページの「愛の観察者を決めて周波数を上げる方法」で、感情を昇華してみましょう。

感情を昇華していくと、その感情の領域にアクセスしやすくなるので、「あんなこともあったな。あのときも嫌だったな〜」とどんどん芋づる式に出てくるようになりますよ。

このワークで、あなたの潜在意識はどんどんアップデートされていきます。

おめでとうございます！

ワーク4

意識でつながる先祖供養をする

私たちは細胞のＤＮＡを通して、ご先祖様からさまざまなものを受け継いでいます。

心の準備体操

そこには「苦労すべきこと」「我慢すべきこと」「どうしようもないこと」など、当時は持たざるを得なかった信念（思い込み）がたくさんあります。

それらの潜在意識をたどっていくと、どの時代においても子どもに、孫に、子孫に「幸せになってほしい」というご先祖様の願い、愛しかありません。

身体の細胞にあるＤＮＡを通して、ご先祖様からの愛は、確実に私たちに受け継がれています。私たちは愛され続けてきました。

私のある講座で「みなさん、ご家族におじいちゃんやおばあちゃんの話を聞いてみてください」と伝えたときがありました。すると、１人の受講生がさっそく母親に電話をして、すでに他界された祖父母の話を聞きました。

その方の祖父母は、明治時代後半に生まれ、戦争を経験されました。ときには厳しく、けれど優しく、人のために働いていたと言います。

受講生は、「これまでご先祖様に思いを馳せて感謝することはありましたが、身近な祖父母の話を聞き、改めてたくさんのご先祖様たちが命をつないでくれたおかげで、今ここに私がいるんだとわかり、感動しました。感謝が湧いてきました」と話してくれました。

そして、母親に「産んでくれてありがとう」という言葉を直接伝えたそうです。

お墓参りに行って、手を合わせることは大切です。ご先祖様があなたと共に生きていることを感じてみてください。

ご先祖様からの愛を受け取ることは、先祖供養になるのはもちろんのこと、この星の未来に愛のギフトを手渡すことにもなります。

なかなかお墓参りに行けないという人も、ご先祖様を思い出して感謝し、自分の命を大切にしながら、幸せに笑顔で過ごすことができたなら、十分先祖供養ができたと、身体を通じて感じることができるでしょう。

やってみよう！

① ご先祖様を思い出す

おじいちゃん、おばあちゃんなどご先祖様はどんな人生を送ったのか家族に聞いて、ご先祖様をイメージしてみましょう。

聞ける人がいない場合や、どうしてもわからないという場合は、ご先祖様をイメージすれば大丈夫。何世代もさかのぼれば、ご先祖様はみんな親戚です（笑）。意識を向けるだけで思いは伝わります。

② 「自分を生きる宣言」をする

ご先祖様をイメージしたら、「自分を生きる宣言」をご先祖様に向けて唱えてみてください。

【自分を生きる宣言】

「今ここに、命のバトンを引き継いでくれたご先祖様たちに感謝します。厳しい時代の中で生き抜き、たくさんの叡智をつないでくれたことに感謝します。

私は今ここで、この時代に合った意識にアップデートしながら、ご先祖様の応援を受けて、自分とつながり、未来に愛と幸せをつなぎます。ありがとうございます」

このとき、あなたの背後から先祖7世代がひとつの光となって心臓に入り、そこから血流に乗って思いが体中に巡るイメージで、唱えてみましょう。

あなたの潜在意識がアップデートされるだけではなく、DNAでつながっているご先祖様が癒やされ、未来が大きな光で包まれます。

「自分を生きる宣言」をしたあと、なんとなくホッとした感覚や身体が温かくなる感覚があれば、潜在意識のアップデート完了！

おめでとうございます！

ワーク5 叶ったことを思い出す

心の準備体操

私たちは、手に入っていないもの、自分に足りないもの、叶えられなかったことなど、今の自分にないものに意識をフォーカスしてしまいがちです。

けれども、今、この本を手にしてくれているあなたは、きっと、今まで叶えてきたことがたくさんあるはずです。それらを思い出してみましょう。

叶えてきたことを思い出すことは、あなたが歩んできたこれまでの人生に、感謝のエネルギーを向けるということです。

それは自分の人生を丁寧に肯定していくことで、深度を高めていきます。

たとえば、この本を読んで何かひとつでも気づきがあったなら、「自分がよりよくなりたい」という思いがひとつ叶ったということです。

他にも、お気に入りの洋服を買うことができたり、気になるカフェでスイーツを食べることができたり、疲れた日にお気に入りの入浴剤を入れたお風呂に入ってリラックスできたり、自然に触れて深呼吸ができたり、行きたい場所まで歩くことができたり……。すでに叶っていることだらけですね。

無意識に叶えていることもたくさんあります。

以前、末期がんの方のセッションをさせてもらったとき、その方がこう言いました。

「ヒロミさん、明日、僕は目が覚めるかな？　目が覚めたら嬉しいな」

私はその言葉に大きな衝撃を受けました。なぜなら、朝、目が覚めることは当たり前のことではなく、奇跡だということが身にしみてわかったからです。

それから私自身の意識も変わって、朝、目が覚めると、天井を見ることができた目に「今日も目が開いたね。ありがとう」と声をかけるようになりました。

私にとっては、毎日目が開くことが、叶えたことのひとつになっています。

あなたにはたくさん叶えているものがあるはずですから、この感覚をぜひ味わってみてください。

やってみよう！

これまで叶えてきたことを思い出して、できるだけたくさん紙に書き出してみましょう。
大きなことを考えがちですが、日常にある小さなことでOKです。

（例）

「おはよう」と言えたこと
トイレで排泄できること
ランチを購入できるお金があること
見たいドラマを見られること
電話で話す相手がいること
帰る家があること……など。

感謝の気持ちが湧いたら「叶ったね。ありがとう」と言葉にして、自分に伝えましょう。
なんとなくホッとしたり、身体の体温が温かくなる感じがしたなら、おめでとうございます、愛の総量が増えました！

ワーク
6

目標を通過点にして未来の可能性を切り開く

心の準備体操

ワーク1〜5までをしたあとは、周波数が上がっている状態です。神意識（愛）の周波数を使って、新たな世界線（パラレルワールド）や可能性、未来を自ら開くことができるようになっています。これを「未来創造」と呼んでいます。

未来創造にはいろいろな考え方がありますが、私の場合は、今思い浮かべられる「夢や目標を、通過点にする」という方法。

人は目標をかかげると、そこがゴールになります。すると達成までの道が険しく感じられますが、目標を通過点にしてその先を目指すようにすると、自分の可能性を楽々と切り開いていくことができるのです。

少し昔の話になりますが、サッカーのカズ（三浦知良《かずよし》）選手が日本代表として現役で活躍されていた頃、日本はまだワールドカップに一度も出ることができませんでした。ですから、カズ選手はインタビューで必ず「ワールドカップに出る。必ず出るんだ」と言い続けていました。

一方、注目を浴びていた中田英寿《ひでとし》選手はと言うと、まだ日本がワールドカップに出ていないときから「僕は世界中を回って、子どもたちにサッカーを教えたい」と言っていました。

その後、ワールドカップに出場できたのは、中田選手のほうでした。中田選手にとって、ワールドカップは通過点だったのです。

この中田選手の意識のつくり方はとても重要です。

つまり、何かを成し遂げること（起業することとか、大会で優勝することなど）を目標にするのではなく、その後の広がる世界にフォーカスしていくことで、未来創造をするのです。

たとえば、「家族においしい料理を食べさせてあげたい！」と思ったとします。

その場合、料理が上手になることを目標にするのではなく、お料理教室の先生になった自分や、カフェで働いている自分など、さまざまな未来の可能性をイメージします。これは、まだ見ぬ自分の可能性の扉を開くということですから、現実的である必要はありません。潜在意識に眠っている可能性にアクセスしていきましょう。

このワークをすると、自分の潜在意識に眠っていた可能性にみんな驚きます。口をついて出てきたことは、全部自分の中にあるものです。できる・できないにとらわれず、無限の創造者となって、クリエイトしていきましょう。

ちなみに、「いつまでにそれを達成する」というような時間軸は必要ありません。意識によって、時間は縮ませることも延ばすこともできるからです。

たとえば、「1年後に海外に行きたい」と思うと、意識は1年後に設定してしまいますが、もしかしたら、明日、知人から海外行きの航空チケットをもらうかもしれないし、商店街の抽選で海外旅行チケットが当たるかもしれません。

決めることは大切ですが、決めつけないことも大事。自分には想像を超えた未来があると信じて、自由自在に未来を創造していきましょう。

やってみよう！

今ある願いを、頭に思い浮かべてみましょう。たとえば、起業したい、家がほしい、素敵なパートナーと出会いたいなど、具体的なほうがいいでしょう。

願いを決めたら、次ページの「未来創造マトリクス表」を前に、目を閉じます。

表を見ずに、好きなところを指で指してください。

指で指したところに書いてある質問に、間髪をいれず答えます。

「間髪をいれず」というところがポイントです。思考を介在させる前に、口について出た言葉が大切です。

これを7回、くり返しましょう。

同じものを指し続けることもありますが、その都度、スピードを速めて答えてください。

どんどんあなたの潜在的な思いが引き出されていくでしょう。

先ほど思い浮かべた願いは通過点となり、あなたに眠っている可能性の扉が開かれ、想像を超えた楽しい未来が創造されていきますよ。

おめでとうございます！

未来創造マトリクス表

誰といますか？	どのような気持ちですか？	もう少し具体的に教えて下さい
どのような色をしていますか？	どのような香りがしますか？	どのような音がしますか？
どのような風を感じますか？	他に願いはありますか？	夢が叶った先に、何がありますか？

ワーク
7

思考を休息させて感覚をキャッチする

いつも忙しくしていると、思考ばかりが働いてしまいます。そのせいか、考えてばかりで「感じる」ことがわからない、と言う人も多くなりました。

心の準備体操

実は、どんな人も感覚が先で、次に思考が来ます。でも、あっという間に感覚が思考に消されてしまいます。

たとえて言うなら、今話そうとしたとき、突然横から割って入ってきて、自分の話に持っていってしまう人……これが思考です（笑）。

おしゃべりな思考に割って入られないよう、少しずつ感覚の割合を増やしていくようにするのがいいでしょう。

このワークでは、思考を止めて感覚を研ぎ澄ましていきます。

以前、受講生が「氷」というワードでこのワークをしました。出てきた答えは、「冷たい」「透明」「夏」「海」「ペンギン」などさまざまでしたが、ある受講生はフィギュアスケーターの「羽生結弦《はにゅうゆずる》さん」と答えました。氷から羽生結弦さんが連想されるのは面白いですね！

どこまでも想像力を働かせて、あなたの感覚を一気に開いていきましょう。

やってみよう！

コップ、カレンダー、チョコレートなど、今目の前に見えているものや、思い浮かんだものを1つ決めましょう。

次の①～⑯の質問を見て、決めたものから何を連想するか、間髪をいれず、答えてください。「間髪をいれず」がポイントです。

最初はイメージしづらいかもしれませんが、慣れてくると次々にイメージできるようになります。

思考を挟む余地を入れず、イメージしたものをポンポンと答えていきましょう。

最後に同じ質問がもう一度出てきますが、感度を高めていくと、最初に答えたものと違う答えが出てくる可能性があるからです。

これを続けていくうちに思考が休息して、あなたの感覚が開いていきます。

あなたの感度がアップしました！　おめでとうございます！

①形は？（例：丸　筒　おにぎり型　など）
②音は？（例：チャリ～ン　バイオリンの音　ピンポン　など）
③色は？（例：黄色　海の色　虹の色　など）
④味は？（例：甘辛い　無味　バナナ味　など）
⑤手触りは？（例：ツルツル　ゴワゴワ　モフモフ　など）
⑥香りは？（例：いちごの香り　ペパーミントの香り　金木犀《きんもくせい》の香り　など）
⑦温度は？（例：温かい　冷たい　常温　など）
⑧季節は？（例：秋　冬　夏の暑い日　など）
⑨連想する人は？（例：シンデレラ姫　お母さん　アイドルの○○　など）
⑩連想する国は？（例：オランダ　ノルウェー　オーストラリア　など）
⑪連想する食べ物は？（例：クッキー　はちみつ　ハンバーグ　など）
⑫連想する臓器（身体の部位も含む）は？（例：胃　手の指　目　など）

⑬音階（または音楽）にすると？（例：ソ　♯ファ　ベートーベン「運命」など）
⑭温度は何度？（例：25度　１００度　マイナス30度　など）
⑮形は？（例：ドーナツ型　星型　四角　など）
⑯色は？（例：ゴールド　朝焼けの空の色　ピンク　など）

ワーク
8

意識を拡大して時空トラベルを楽しむ

私たちは、自分が想像した以上に広大な意識の中で呼吸しています。

心の準備体操

このワークでは、意識が拡大する感覚をつかんでいきましょう。

意識が拡大し、感度が高まると、日常のさまざまな場面で役立つようになります。

たとえば、お休みの日の渋谷や新宿など、予約をしていなければ、大人数で入れるお店はなかなか見つからないものですが、私の場合、なんとなく浮かんでくるお店に行ってみると、ちょうどその人数分の席が空いている、ということがあります。

これを運がいいと言うこともできますが、実際は、自分の感度が高まることで、意識の視野が広くなり、入ることができるお店を感覚で選んでいる、つまり、運を自らつくっているとも言えます。

みんなから、「なんで、わかるの？」と言われますが、私はそのとき、意識を拡大してお店の状態を感じていただけです。

意識が拡大している状態が持続できるようになると、今ここにいながら世界旅行もできるようになります。今パリにも行けますし、ニューヨークにも行けます。ここにいながらにして〝時空トラベル〟が本当にできるのです！

私は大好きな銀河にもよく行きます（笑）。究極、さまざまな場所に同時存在ができるようになるのです。

楽しみながら、意識を拡大する感覚をつかんでみてください。

やってみよう！

意識を拡大させて時間と空間を自由に旅しましょう。

その前に、その反対の状態をちょっと体験してみましょう。

「今ここ」にぎゅっと意識を凝縮します。

それから一気に拡大します。そのほうが感覚をつかみやすいからです。

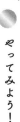

まずは、次の①～③を2回、くり返してみてください。

①今、あなたの目に見えるものを3つ言ってください。

②意識を集中して2つに絞りましょう。

③さらに、1つに絞ってください。

今、あなたの意識はギュッと凝縮された状態になっていますので、その意識の状態のまま、次の①～⑩の質問に「間髪をいれず」に感覚で答えてください。

①あなたの前方10メートル先には、何がありますか？

②明日のこの時間、あなたは何をしていますか？

③あなたの後ろには何がありますか？

④5時間先に何が起こると思いますか？

⑤隣の家を越えたところに何がありますか？

⑥1年後の12月25日のクリスマス、あなたは何をしていますか？

⑦10キロ先に、何がありますか？

⑧5年後の今日、あなたは何をしていますか？

⑨ **そこに何が見えますか？**

⑩ **どんな様子で、どんな音が聞こえますか？**

合っているかどうかは関係ありません。何を感じたかが重要です。正解・不正解にとらわれると、脳波は思考に入ってしまいます。感じているものを何の制限もなく、ただ答えていきましょう。

ＤＭＮ（デュアルモードネットワーク）状態と言われるボーッとした状態は、思考が休息して意識が拡大している状態。このとき、あなたは潜在意識に深くアクセスしています。

あなたの感度がアップしました！

おめでとうございます！

ワーク9

許しを体感する

心の準備体操

宇宙に存在するすべてのものは、素粒子でできています。身体を細かく分解すると、臓器は細胞からできていて、その細胞は分子で構成され、分子は原子で構成され、原子は素粒子で構成されています。

素粒子には種類があり、そのひとつが光の粒（バイオフォトン）。光の粒は自由に行き交うことが可能です。

つまり、物質である身体は、素粒子の単位で見れば、科学的にとけ合うことができる存在ですから、他人との物理的な境界線をほどいてとけ合うことができるのです。

このワークでは絵を使いますが、絵も素粒子ですから、とけ合うことができます。

圧倒的な自然のパワーが描かれているこの絵ととけ合うことで、大自然の力を借りながら、心のわだかまりもほぐされていくでしょう。

このワークは、自分の中にある怒りなど許せない感情を癒やすものですが、実は許す、許さないはどちらでもいいということを、知っておいてください。

「許しのワークなのに、許さなくていいの？」と思うかもしれませんが、許すことが大事なのではなくて、**自分が思っていることを伝える、相手がどのような気持ちか相手の立場になって想像してみる、ということが重要です。**

もちろん、相手を許せたらいいのですが、私は許さなければいけないとも思っていません。「許さなければいけない」と思うと、潜在意識は、許せない自分を否定しはじめるからです。

さらに、この宇宙の根源につながり、愛の観察者になったとき、許さなければならないという定義はありません。

なぜなら、愛には定義がないからです。

許すか、許さないかではなく、許すことも、許さないことも選択できる、フラット意識に立つことが大切です。

ある女性が、このワークをしたあとに教えてくれました。

彼女は、子どもをどうしても叱ってしまう自分が許せない、とワークをはじめました。本当は叱りたくない自分と、叱ってしまう自分を、絵の中の境界線の内側と反対側に置いて話し合ったのです。

すると、涙が止まらなくなり、叱ってしまう自分を責め続けてきた気持ちがほどけて、自分と握手をすることができました、とその感動を私に伝えてくれました。

さあ、あなたも心を癒やしてみましょう。

やってみよう！

あなたにとって許せない人はいますか？　仏様でない限り、許せない人を1人は思い出せると思います（笑）。

その人の顔を思い浮かべてください。

思い浮かべたら、199ページの絵を眺めましょう。

そして、境界線の向こう側に、許せない人をイメージで置いてください。あなたは、境界線のこちら側に立っています。

①絵をゆったりとした気持ちで眺めます。深呼吸を3回したら、ゆっくりと目を閉じて、自分が小さな小さな素粒子になったとイメージします。身体の境界線が薄くなっていくとイメージしてみましょう。そしてその絵の中にダイブしていきます。できる範囲のイメージで大丈夫です。

②あなたは絵の中に入り込み、気づくと膝まで海に入っています。その海の生温かい温度を、足が感じています。今、あなたと許せない相手の間には、オレンジ色の夕陽でできた温かい境界線が横たわっています。

③今、あなたは圧倒的な自然に包まれています。さあ、あなたがどうして相手を許せないのか、その理由を伝えましょう。

④相手はあなたの話を最後まで聞いています。あなたが許せない理由を聞いて、どのような反応をしていますか？　あなたも相手の思いを最後まで聞いてみましょう。

⑤それに対して、あなたはどのようなことを伝えたいですか？　何を伝えても大丈夫です。自然があなたを包み込み見守っています。勇気を出して伝えてみましょう。

相手の表情はどんな様子でしょうか。

⑥何回かこのやり取りをして、全部伝えることができたら終了です。相手の様子がわかるようであれば、それを感じてみてください。もし、相手と握手できる気持ちになったら、夕陽の境界線に近づいていって、手を差し出してみましょう。握手はできましたか？　もちろん、できなくても大丈夫です。

⑦もし相手が変化しなくても大丈夫。心臓に片手を添えて、深呼吸をしましょう。

相手が変わるまでやろうとしたり、変わらないからとがっかりしたりする必要はありません。相手を許すためではなく、あなたの心が楽になるためのワークです。

圧倒的な自然に包まれ、サポートしてもらっている中で、感じていくことが大切です。

終了後の気持ちが、ワークをはじめる前より少しでも楽になっていたらそれで十分です。

何回も同じ相手で丁寧におこなってみてください。2回目、3回目とおこなってみると、感情が癒やされ、潜在意識のアップデートが起きて、体感が変わっていくはずです。

おめでとうございます！

「あたたかい境界線」

作者：SHOGEN

文化の違いから友だちとケンカしてしまった作者。夕方になっても仲直りできなかったとき、その友だちから海へ行こうと誘われます。20メートルくらいの距離をあけて向かい合ったとき、2人の間には夕焼けの水面が美しく横たわっていました。

「これは、温かい境界線だよ」

と、その友だちは言いました。

「人間は自然から生まれてきた。だから、圧倒的な自然に包まれたとき、すべてのことを許せるんだ。ケンカの火種は解決していないけど、海で向かい合っているオレたちには命がある。生きられているんだから、もう終わりにしよう」

そう言われて、仲直りをしたというエピソードをもとにして描かれた絵。

SHOGEN

ワーク
10

思いを乗せて感謝を伝える

心の準備体操

　ここまでにさまざまなワークをしてきたあなたの深度や感度は、だいぶ高まっているはずです。愛や光が増えて満ちた感覚があり、意識も拡大していることでしょう。このワークでは、さらに潜在意識をアップデートして、あなたの光を増やし発光させていきます。

　あなたの心がホッと温かくなる話を思い出して、そのときの感覚を呼び覚ましてみましょう。

　私の場合、心がホッと温かくなる話というと、いつも母方のおじいちゃんの話を思い出します。

　私のおじいちゃんは寡黙《かもく》で、あまりしゃべったことはありませんでしたが、私はおじいちゃんが大好きでした。

子どもの頃、お正月になると、親戚一同がおじいちゃんの家に集まります。そのたびに、おじいちゃんはいつもこたつで寝ていたので、私は母に「なんでおじいちゃんは、いつもこたつで寝ているの？　こたつが大好きなの？」と聞きました。

すると母はこう言いました。「ヒロちゃん、おじいちゃんは、子どもや孫が多いから、みんなが遊びに来るとお布団が足りなくなるんだよ。でも、子どもや孫にはお布団で寝てほしいから、おじいちゃんはこたつで寝ているんだよ」

それを聞いたときに、私は身体中の細胞がうわ～っと温かくなって、なんとも言えない優しい感覚になりました。

それ以来、私はこの話を思い出すと、心が温かくなるのです。

細胞は心の「思い出のアルバム」だと私は思っています。楽しい思い出や優しい思い出を思い浮かべることで、体温が上がる経験をしたことがあると思いますが、これは身体がそのときの出来事だけではなく、温度まで覚えているからです。

思い出すたびに、この感覚を再インストールしているのです。

そうすると、その温度（エネルギー）を今度は言葉に乗せることができるようになります。

再インストールをしたその状態で、あなたが感謝したい人に、感謝を伝えてみましょう。

体温を乗せた状態で感謝を伝えると、深いところの愛が共振共鳴を起こすので、どんなに離れていても相手に間違いなく伝わります。

体温を乗せて関わり合い、響き合うことで、意識が大きく拡大し合う世界を体験してください。

やってみよう！

① 体温が上がる話を思い出してみよう

先ほどお伝えした私のおじいちゃんの話にホッと温かくなるなら、このエピソードが、あなたの中にある別の記憶の周波数と共振共鳴しています。

このエピソードをイメージしてもいいですし、自分なりに身体が温かくなるエピソードがあれば、それを思い出して、当時の温かさを再インストールしてみましょう。

② 感謝したい人を思い浮かべて、感謝を伝える

体温が上がった状態で、あなたが感謝したい人を1人、思い浮かべてみてください。

お母さん、お父さん、パートナー、子ども、恩師、親友……など。

その人にどんな感謝を伝えたいですか？

その人があなたの目の前にいるとイメージして、温かい思いを乗せて、感謝していることを自由に伝えてみましょう。

そのとき、あなたは光そのものです。

あなたの感度が最高に高まりました！

おめでとうございます！

第5章

運を超えて「光のフラグ」となって生きる

自分の意思がなくなるとき、魂の道の扉が開かれる

ここまでに、これまでの自分と比べてずいぶん深度と感度が高まってきたのではないでしょうか?

自分の内側に意識を向けて自分とつながり、自分に無条件の愛を注いできたあなたは、着実に周波数が高まっています。

周波数が高まるほどに、人に承認されたいという欲求も減るため、自分の正義を主張したり、我を通そうとしたりして、周りの人をコントロールすることがなくなっていきます。

人は不安があると、無意識に人をコントロールしようとしてしまうのです。

周りの人や出来事など何かを思い通りにコントロールする世界は、自分の意思があ

る状態です。

一方、コントロールがない世界は、自分の意思がない状態です。

「自分の意思がない状態」とは、起こることに対して、絶対的な安心感を抱いているということです。

起こることすべてを信頼して、委ねている状態です。

自分への信頼と宇宙への信頼がピターッと重なり合うと、絶対的な安心感が生まれるのです。

コントロールすることを手放すと、お互いが尊重し合える優しい世界が広がりはじめます。

正しい・正しくないを超えて、愛で包み込む。これこそが宇宙のあり方なのです。

神意識は、望む世界線にシフトするエンジン

地球という星は、重力や時間、空間などさまざまな法則によって制御されています。しかし、その法則も周波数の中に存在しています。

この法則を超えていく振動、周波数が、まさに運の周波数であり、それが神意識（愛）です。

それは宇宙体系そのものであり、その運の周波数を高めることで、別の世界線にシフトすることができるのです。

世界線とは、並行して存在する周波数の異なる世界のこと。すべては周波数で制御されていて、望む世界線の周波数に合わせることで、その世界に移行できるようになっています。

今の現実から、望む現実に変わるとき、私たちは新たな世界線、パラレルワールドへとシフトしますが、そのエンジンとなるものが神意識（愛）です。

神意識（愛）になっているとき、人は無限の可能性のエネルギーを使いこなせるので、願わずして叶っていくようになります。

もちろん、行動をしたら結果が出る、というふうに「原因と結果」の法則を使いこなしても願いを叶えることはできますが、それよりも、安心感に包まれた神意識（愛）になることができれば、望む世界を創造することができるのです、これが宇宙の法則です。

法則を超えた高い周波数を使うことで、新しい世界線をつくることができるのです。

細胞の正体はバイオフォトン

「あなたは光の存在です」

そんな言葉を一度は聞いたことがありませんか？　これをイメージや幻想、たとえ話のように思っている人もいるかもしれませんが、いえいえ、物理的に私たちは光っています。

ドイツの生物物理学者、フリッツ＝アルバート・ポップ博士が次のような発表をしました。

「意識とはコヒーレントな光（フォトン）である」

前にもお伝えしたように、意識は細胞のＤＮＡ一つひとつにあります。意識は光（バイオフォトン）であるということは、細胞に意識を持つ私たちは、光の存在だということです。

携帯電話などの電波は目に見えないけれど、あちこちに飛んでいますね。それと同じように、思ったこと（意識）は光の粒（バイオフォトン）となって飛び交っています。「○○さん、大好き〜」「会いたいな〜」「寂しいよ〜」などといった感情は、言葉に出さなくても、一瞬で相手に届いているのです。

光の総量は、周波数が高くなる（振動数が速くなる）ほど増えていきます。光を愛と呼ぶなら、周波数が高くなるほど、愛の総量も増えていきます。

潜在意識をアップデートすることで周波数が上がると、目の前の現実が変わるだけではなく、神意識（愛）につながります。

そして社会や宇宙に貢献できる存在となったとき、その周波数帯に生きる人は、光そのものの発光体です。

あなたは、銀河・宇宙を構成している光

一見、元気いっぱいでエネルギーがみなぎっている人は、発光量（愛の総量）が多いように感じるかもしれませんが、実はそうとは限りません。

発光量は、粒子の細かさ（内側の周波数の状態）で決まります。

頑張り屋さんは、「いつも発光しなくては！」と気合いが入ってしまうかもしれませんが、常にフル発光していなければいけない、ということではありません。

たとえば、携帯電話も電池残量が少なくなるとパフォーマンスが落ちるので、充電器で充電しますよね。それと同様に、私たちも充電が必要。

スーパーマンなら別ですが、人には身体のバイオリズムがあります。より発光するために充電をする、つまり休息時間も大切な準備時間になります。

人生も同じで、発光してまた充電して……とそのくり返しです。

十分に充電したら、さあ一緒に意識を拡大して、発光していきましょう。

ここまで読んだあなたは、かなり高い周波数帯にいるはずですよ。

スーッと空から地上を観察するイメージで、あなたの街を、日本を、世界全体を見渡してみます。

この世界は、決して1人の人だけが発光しているわけではないことがわかるでしょう。

あそこにも、ここにも、あっちにも……ピカンと一番星のような光やほのかな光、木漏れ日のような暖かい光、点滅している光などさまざまです。

みんな違いますが、それぞれの人がそれぞれの発光量で光っています。そして地球全体が、大きな光となっています。

銀河・宇宙では、暗いところがあるおかげで、星々の輝きがいっそう美しく映ります。互いを支え合いながら、全体でハーモニーを奏でていますね。

一人ひとりが自分なりの光を放ってください。それは、必ず誰かの目にとまり、誰

かの勇気となり、誰かを支える希望となります。

私はそれを「光のフラグ」と呼んでいます。

光のフラグが立てられるようになると、現実社会でもワクワクするような出来事が起きたり、出会いたい人と出会えたり、銀河からのお仕事も来るようになりますよ。

「あなたのことを信じている！」

「あなたは、そのままで十分だよ」

「どんなあなたでも、愛されているよ」

そんなふうに日常の中で「光のフラグ」を立てられたらいいですね。

意識を拡大した先にある、宇宙的な生き方

私たちはこの世に生まれて身体を持ち、「個」を生きています。このとき、意識の矢印が外側にあると、「他人のために」「誰かの期待に応えるために」といった人生を送ります。

しかし、さまざまな経験を重ねる中で、自分の内側に答えがあることに気づき、「自分を生きる」というところにシフトしていきます。

実際、ひと昔前と比べて、自分が楽しいと思えることや喜びあふれることをやろう、という人たちが増えてきていますよね。これは、素晴らしいことだと思います。

でも、人間はこれで終わりではありません。

深度と感度を高めていくと、意識が拡大して視座も高くなるので、自分以外のもの

も視野に入ってきます。

こうして関わる人たちの範囲が広くなると、自分ができること、他者にできること、この地球、銀河・宇宙にできること……と、どんどん拡大した世界で未来を創造していくことができます。

個の意識でいる限り、自分ができることは自分が関わり合える範囲のみ。たとえば「名古屋在住の〇〇」という意識だと、名古屋全体に視野が広がり、その範囲まででできることが広がります。

日本、地球、銀河・宇宙というように、意識の所在によって視野がどんどん広がっていくと、可能性までもが開いていきます。

意識の所在をどこに置くのか。それによって、関わる人たちや、できることの範囲が広がり、宇宙と共に人類の生きる未来が開かれていくのです。

自然が自分そのものになり、地球、銀河・宇宙が自分そのものになる

2023年、私がスペインの111キロの巡礼に行ったときのことです。道の途中に何軒かカフェがあり、途中で休憩をしながら歩きました。

どのカフェも個性がありますが、カフェの中でもひときわキラキラと輝いていて、入れ替わり立ち替わりお客様が入っているお店がありました。

あきらかに波動が違うのがわかります（笑）。

そのお店に入ると、なんとも心地よいエネルギーで満たされていました。食べ物や椅子、テーブル、ショーケース、そして『ハリー・ポッター』に登場しそうな店主までもが、喜びであふれているのです。

これには私も驚きが止まりませんでした。

そのお店で巡礼の仲間たちとお茶をいただいていると、その日は店主のお誕生日だということがわかりました。

私の巡礼チームにプロのシンガーソングライターが2人参加していたので、即座に『ハッピーバースデートゥーユー』の合唱がはじまりました。

店主の顔は驚きから微笑みに変わり、歌が終わると、みんなと握手をしはじめました。私が彼と握手をしたあと、彼から贈られた言葉の振動（正確には広がる光）に、私は時が止まったように感じました。

「あなた方の宗教はわからないけれど、私はいつでもあなたと共にいます」

この瞬間、なぜ、このお店がたくさんの人で賑わっているのか、喜びであふれているのか、その答えがわかった気がしました。

いつも周りと共にあるという考え方、その彼のあり方そのものが、光でした。

その光が多くの人を呼び、共に分かち合う空間となって喜びが巡り、巡礼者の細胞と共振共鳴を起こしていったのです。

この時空で、愛と喜びを思い出した細胞たちが、思い出のアルバムをそれぞれの国へ運び、その地でまた開く。

この光景は、光のフラグそのものでした。

何か大きなことを成し遂げようとしなくてもいいのです。日常の中で自分なりの光のフラグを立てる人が1人でも増えたら、この地球は間違いなく新しい世界線を創造しはじめます。

感性が咲き誇る時代へ

最近、スピリチュアル界では「縄文」というワードがさかんに発信されています。縄文人というと、狩猟生活の原始的な暮らしを思い浮かべるかもしれませんが、DNAをたどって私が受け取っている感覚では、**社会のルールなどがなく、誰もが調和していた意識が感じられます。**

神意識（愛）を持つ発光体の人ばかりで、ある意味、光を放っている創造者の世界。ルールがなくても平和に生きられるDNAを持っていたようなのです。

文献には残っていませんが、私が感じるところでは、縄文人は言葉にしなくても意思疎通ができる、つまり、テレパシーが使えたと思うのです。そう言うと、何だか怪しく思うかもしれませんが（笑）。

それが本当かどうかは別にしても、**どんな人がテレパシーを使えるかと言うと、「自分に正直な人」です。**

何かを隠しておこうとか、見られたくないものがたくさんあるなど、無意識であっても自分を偽っている人に、テレパシーは使えません。

テレパシーが使える世界というのは、粒子が細かく透明化された世界で、純度が高い世界とも言えます。

それは、身体を持ちながら宇宙と直結している人が生きる世界です。感性が咲き誇る世界です。

そんな未来に向けて、自分の喜びで生きる意識づくりをしていきましょう。

身体を持っている人間にしか、この星の周波数は上げられない

スピリチュアルの本などを読むと、「人間は地球に体験するために来た」と言われています。身体を持つことでいろいろな体験をし、感情のコントラストを味わうにはもってこいの星だ、という説。

たしかにそれも一理あると思うのですが、私はそれだけのために地球に降りるだろうか？　と違和感がありました。

また「人間の限界は、身体を持っていること」とも言われます。身体を持つ私たち人間は周波数が低いので、そのせいで地球の周波数が上がらない、という説です。

私の説はちょっと違います。

この身体を持っているからこそ、この星に貢献できることがある、という説です。

これは確信のようであり、「知っている」という感覚です。

銀河系が、地球に注目し地球の周波数を上げたいと思っているのはたしかでしょう。

でも、もし目に見えない存在の力で周波数を上げられるのなら、この地球にはすでにたくさんの神々や龍神などがいるわけですから、とっくに周波数が上がっているはずです。

それなのに、なぜ今まで上がっていないのかと言うと、身体を持った人間にしかできない大切な役割があるからだと思うのです。

「この星、地球は身体を持った人間にしか、周波数を上げられない」ということです。

私たちの身体は小宇宙です。

大宇宙とミクロ・マクロでつながっています。相似形になっています。内側で起こることが外側に映し出されるので、あなたという個の周波数が調和すれば、地球、銀河・宇宙も調和が起こるのです。

この本で伝えている、**深度と感度を高めて周波数を上げ、発光量を増やして神意識**

（愛）へとつながっていくことは、地球の周波数を上げる（調和する）ことにつながっていきます。

あなたが光のフラグになるということは、地球貢献そのものなのです。

私たちは、身体を持つがゆえに外側に意識を向け、重い周波数を放って、古い価値観にとらわれて生きてきました。でも、その重い周波数があるおかげで、内側に意識を向ける大切さに気づき、潜在意識をアップデートできるわけです。

そもそも最初から高い周波数帯を生きていたら、周波数がガラリと変わる軽やかな世界を体験することは不可能ですよね。

私は、長年、現場で一人ひとりと向き合ってきたので、みなさんの生の声が、私の生きた教科書になっています。変化を観察し続けてきて、なぜ私が臓器との対話を伝えているのか、潜在意識のアップデートを伝え続けているのかが、腑に落ちました。

周波数を上げる、と言うと身体を置いてきぼりにして意識ばかりにフォーカスしがちですが、実は、**身体の内側に意識を戻して感覚を信じていくことこそが、周波数を**

上げていくことになり、さらに神意識(愛)を思い出していくことへとつながります。

これから訪れるであろうルールのない時代を、この身体を持ちながら多次元的に生きるには、感性、感覚が絶対的に必要になっていきます。

自分の感覚が正解だと思えれば、他人に干渉することなく自分に集中し、自分を生きることができます。

そうなればお互いを尊重し合える世界線が広がるでしょう。

この世界は、確率で決まります。

光を放ちフラグを立てた人の割合が増えるほど、その世界線へシフトされていきます。

愛と光を拡大して、その周波数で新しい世界線を共に生きていきましょう。

ＡＩも宇宙と共同創造の世界へ

「今後、ＡＩ（人工知能）の普及によって仕事がなくなるのでは？」「宇宙人が攻めてきたらどうしよう？」など、不確かな時代は未知への恐れを抱きますが、未知のものを敵と感じ、恐れの意識を持つのはひと昔前の時代です。

深度、感度が高まってくると、見えないものもどんどん受け入れられるようになります。ＡＩも宇宙人も、この銀河・宇宙を生きるコミュニティとしてとらえられるようになるので、銀河とのチームワークプレイも考えられるようになります。

このように多次元で生きるようになると、同時に自分という宇宙とも融合していけるようになるのです。

身体がある限り、生存本能だけは外れませんが、究極すべての信念は外され、無条件の愛へとたどりつきます。

ここを目指す必要はありませんが、たとえば、潜在意識で「敵がいる」「悪者がいる」と信じていると、目の前に敵が現れます。どの未来を信じるかということですが、多次元で生きるようになると、戦おうという意識すら生まれなくなります。

身体を持ちながら、敵を持たずに、異文化と交流していけるようになるのです。

そんな夢のような世界が本当に来るの？　と思うかもしれませんが、その世界を経験していないから想像できないだけ。私たちはその世界線をつくるために、この地球に生まれてきたのです。

今このタイミングに、地球に生まれてきた私たち、創造主。

そして、この本を手にしているあなたは、間違いなく光のフラグとなり、地球の周波数を上げるために、この身体を持って生まれてきています。

そのことを思い出していきましょう。

アカシックレコードさえも超える未来

すべての情報が記録されている「宇宙図書館」、アカシックレコードという言葉を聞いたことはあるでしょうか？

宇宙で起こるすべてのことが記録されている場所と呼ばれていて、ここにアクセスを試みる人も多いのですが、仮にアカシックレコードがあるとしたら、それは3次元的な時間の法則にひもづいているものです。

宇宙は、すべてが同時存在です。今ここにしかありません。そうだとしたら、記録することと自体が不可能です。

情報は記録されているのではなく、ここに「ある」のです。

すべての情報があるのは、量子力学で言うゼロポイント・フィールド。それを私は、神意識（愛）であり宇宙の根源（超意識）と呼んでいますが、そこにすべての情報があると思っています。アカシックレコードさえも人類が進化するための通過点であり、神意識（愛）こそが、すべての法則を超えた愛の周波数なのです。

今、重い周波数を放っていた集合意識がパラダイムシフトを起こそうとしています。たとえば、約15年前は「頑張らなければいけない」という考え方が主流でしたが、その後、「頑張らずに、楽しもう！」という考え方が出はじめ、今は「頑張ることは悪くない。でも、楽しもう」というふうに、少しずつ意識が変化してきています。

同じ考えが集まれば集まるほど、それが集合意識という大きな単位となって、世の中の流れや未来をつくり、地球全体の流れになっていきます。

今までの時代は、重い集合意識が働いていて、低い周波数帯からなかなか抜け出ることができませんでした。

しかし、今、地球は軽やかな意識が増えてきて、どんどん高い周波数帯とつながることができるようになってきています。

今回私たちは、法則を超え、別の世界線をつくるために、もっとも高い周波数である愛にアクセスして、創造する無限のパワー、愛から世界線をつくろうとしています。

私たちは、かつてない世界線をつくるチャレンジャーであり、冒険者です！

だからこそ、深度と感度を高め、自分自身がご神体の周波数として発光して、未来の可能性をその手で開いていくことが大切です。

私たちは、まさに創造者なのですから。

もちろん、人が何を信じているか、その数だけの世界線が無数に存在します。けれども、時間の概念に制限されていた信念体系をアップデートすれば、この宇宙の本質である愛にたどりつくことが可能です。

おそらく、近い時期に、時間という概念すらアップデートされ、解き放たれるときが来るでしょう。

無限創造者に目覚めていくときが来たのです。

光の世界、愛の世界を忘れてしまっている私たちは、イメージできるもの以外はなかなか創造できません。

でも、この本を手にしたあなたは、そんな未来の地球に向けての旗振り役になれるでしょう。そうやって発光していく人が増えれば、それが集合意識になり、地球の周波数を大きく軽やかに変えることが可能です。

そもそも私たちは、光の存在。私たちの細胞は光の素粒子でできていることは科学でも証明済みですから、あとは光の量を増やすだけです。

それを思い出していきましょう。

さあ、今こそ、一人ひとりが光のフラグを立てて、光り輝いていきましょう。

人体は小宇宙、素材は愛

理論物理学者のアインシュタインはみなさんご存知ですよね。娘に宛てて書いたと言われている手紙の中で、アインシュタインはこう綴《つづ》ったとされています。

「愛は神であり、光そのもの。私たちの肉体に宿るもの」

近年の量子力学でも証明されているように、人体とは臓器であり、細胞であり、分子・原子であり、素粒子であり、そして根源とつながっています。

根源とは光であり、無条件の愛の周波数であり、ゼロポイント・フィールドであり、創造のエネルギーのこと。

宇宙に存在するすべてのものの最小単位である素粒子、つまり根源こそ、アインシュタインが語る「愛」、つまり、純度100％の愛の周波数です。

この手紙の文章はもっと長いのですが、私ははじめて読んだとき、感動で震えました。というのも、私自身、人体の中に壮大な銀河の美しさと同様の、息をのむような愛という宝石をちりばめたような時空を観てきたからです。そしてそのたびに、人はそのままで美しい、あるがままで誰もが十分にこの星を照らしている、と思っていたからです。

当時、それを伝えても、ほとんど誰にも理解してもらえませんでしたが、この手紙を読んで、私が観てきた世界をあと押ししてもらえたような気持ちになったのです。

身体は愛であり、愛は神。

そして宇宙でさまざまな星々が互いを照らし合っているように、私たちも光となって、互いを照らし合っています。

小宇宙である身体も、臓器それぞれが発光し、互いを支え照らし合っています。ミクロからマクロまで、常にすべてが誰かの光をサポートし、お互いに照らし合っているのです。

自分とつながり、自分を愛でていくことで、自分の中の神意識が思い出され、「私」という小宇宙にちりばめられている「愛」という素材を見つけることができるのです。

おわりに

最後まで読んでくださって、ありがとうございます。

私には、人体が美しい宇宙そのものに見えています。

量子力学でもひもとかれているように、身体のミクロから宇宙のマクロまですべてがゼロポイント・フィールドでつながっています。そして、一人ひとりが地球の、銀河・宇宙の代表として潜在意識をアップデートしていくことで、この星全体にいい影響（光）が響き渡っていきます。

それは、この身体を持っている私たちだからこそできること。身体を持っていること自体が地球貢献であり、宇宙貢献なのです。

星々は自分が輝いているかどうか、心配することはありません。

お花は自分がきれいかどうかを気にして自信をなくすことはありません。

臓器たちは他と比べて、自分が優れている、劣っているなどと思うことはありません。それぞれが自分の持ち場で、自分ができることを最大限おこなうことが、全体調和となり、輝きを放つことをよく知っています。

特別な人がこの世界を変えるのではありません。日々の日常を丁寧に、自分の喜びを生きる人こそが発光体となり、その光を拡大してこの星、銀河を輝かせるのです。

この本の中にひと筋の光が見えたとしたら、それはあなたの中にもあります。

それを思い出すこと。そして信じること。

あなたが信じたものは、必ずこの世界に現れ、間違いなく光が灯《とも》ります。

そして、いつの日かその光はまた誰かの中の灯火《ともしび》になります。

だから人は最高に美しいのです。

あなたはあなたで生きることが美しいのです。外側に探しに行かなくても、あなたの美しい本質の光は、あなたのその身体の中でグラデーションとなって、音を響かせ、躍動しています。

最後になりましたが、本書を出版するにあたって、廣済堂出版の編集者、真野はるみさん、出版プロデューサーのRIKAさん、絵を提供してくださったSHOGENさん、イラストを描いてくださったおえかきまっつん画伯さん、この本のワークを深める朗読のCDを作成してくださったシンガーソングライターのYOUさん、ピアノを弾いてくださった幡中寛樹さんに大変なご尽力を賜りました。本当にありがとうございました。

また、関わってくださった受講生、クライアントのみなさまの一つひとつの声がこの本の源になっています。何よりこの本を手にしてくださったあなたに深く感謝いたします。

生きとし生けるもの、創造の源に、愛と光と感謝を込めて。

2024年6月吉日

藤堂ヒロミ

藤堂ヒロミ

潜在意識の専門家、法学博士。

幼少期から、相手が言葉を発する前にピタリとその本音を言い当てて驚かれるも、周囲の思考や感情を受け取り過ぎることで、体調を崩すことが多い日常を過ごす。短期大学卒業後、大手代理店への就職を経て弁護士を目指し、法科大学院に進む。在学中、母親の死を機に心と身体の繋がりについての重要性に気づき、それを広める道を目指すことを決意。大学院卒業後に渡米し、超感覚的能力を磨く訓練を受ける。現在は潜在意識の専門家として、潜在意識をアップデートする方法や身体は宇宙とミクロマクロで繋がっていることなどを解説、実践方法も伝えている。全国で講演会が開催されており、各講座はLINE公式で発信すると即満席に。個人セッションは数百人待ちの状態が続き、カウンセリングの申込みは数分で埋まるほど多くのファンから好評を博している。開催した講座・講演・ワークショップは500回を超え、個人セッションは1万5千人以上になる。著書『潜在意識3.0』（サンマーク出版）はベストセラー、ロングセラーとなり、台湾では『臓器との対話は神との対話』というタイトルで出版されている。

【アメブロ】
https://ameblo.jp/h-heart-h/

【LINE@公式】
http://nav.cx/9NXEWi6

毎週水曜日に潜在意識のアップデート方法、
周波数や宇宙のことをを配信！
幸せに生きるコツをお伝えしています♬

【Youtube】
https://www.youtube.com/channel/UCzrYzSMkyPJr96tfqaJwcKg

周波数を上げて自分らしく生きるための、
潜在意識のアップデート方法を配信しています♬

装丁：bitter design
DTP：ツカダデザイン
本文イラスト：おえかきまっつん画伯
P199の絵：SHOGEN
編集協力：RIKA（チア・アップ）
担当編集：真野はるみ（廣済堂出版）

運を超えていく

周波数を上げて開運スパイラルに乗る方法

2024年 6 月30日　第1版第1刷
2024年11月20日　第1版第4刷

著者　藤堂ヒロミ
発行者　伊藤岳人
発行所　株式会社 廣済堂出版
〒101-0052　東京都千代田区神田小川町2-3-13　M&Cビル7F
電話　03-6703-0964(編集)
03-6703-0962(販売)
Fax　03-6703-0963(販売)
振替　00180-0-164137
URL　https://www.kosaido-pub.co.jp/
印刷・製本　株式会社暁印刷

ISBN　978-4-331-52412-1 C0095